出奇致勝優勢談判祕訣
收錄各行各業談判個案

談判綠皮書

讀故事，學談判

Read Story : Negotiation Skills

鍾宏義——口述
周文玲——採訪整理

出版緣起

我們為什麼要出版這套叢書？

樂果文化事業有限公司發行人　賴秀論

作為出版人，我們所能做的，就是用智慧和圖書產品來回報社會。

這麼多年來，我做的工作基本上都是圍繞這個立足點展開的。

具體說到這一套叢書，緣起很簡單，是林文集先生的一個idea。

作為知名的行銷人，他在和朋友聊天的時候，有了一個想法，就是用講故事的形式教人學習行銷。

為什麼選擇講故事呢？

林文集先生以一個故事回答了這個疑問：

「在某一次訓練課上，我給學員出了一個題目，就是談『成功之道』。一開始，學員大談『勤奮』、『堅持』、『進取心』，但能夠給人留下深刻印象的卻不多。於是，我給出一個建議，讓學員找出身邊的兩個朋友，一個是成功人士，一個是失敗人士，用他們的故事來談『成功之道』。

「有一位學員接受了這個建議，在上台的時候講：『我的兩個同學，一位個性保守、謹慎，對金錢十分計較，心志也很高。他在畢業時，曾經很高調，宣稱絕對不從最低級別的工作做起。結果，一直等著好運從天而降的他，歷經十五年，還停留在低級職位上。另一位同學也是心懷大志，但甘於放低身價從最基層的職位開始做起，並隨時留意是否有更好的機會。後來，他到了紐約和別人聯合開公司做承包生意，經過一段時間的努力，成了有名的商人。』」

不用多解釋，一般人都可以從故事中了解什麼是「成功之道」。更重要的是，用這樣的方式詮釋主題，更容易吸引聽眾的興趣。

這就是講故事的魔力。同時，也體現了本套叢書的一大特色：**用簡單不失精采的故事，闡述複雜、高深的專業理論**。

我一直就有這種想法，希望通過「讀故事，學ＸＸ」的方式，策畫一套創新、行銷、交際、談判等多領域的入門書，並找過很多作者，都沒有這個機會。之所以說沒有機會，是我選擇作者過於「嚴厲」。當前市面上的很多書，作者都頂著「專家」和「大師」的光環，讀者之所以買這些「專業人士」的帳，是因為我們在讀書的時候，一直是以讀教材、教科書為主的。等走上社會以後，把這些書放下來了，跟社會發生關係，還是課本上的那種思維方式，所以就會變得迷信理論和教條。如果本套叢書還是學院式的寫作和學院式的灌輸辦法，同樣也是紙上談兵，無法解決實質問題。很難想像，一個行動上的侏儒會成為思想上的巨人。因此，在作者的遴選上，我從一開始就進行了嚴格「把關」：不僅要有好的文筆和深厚的知識素養，還要有豐富的「實戰」經驗。

這就體現了本套叢書的又一特色：**通俗易懂，但專業性強**。

機緣巧合，我遇到了林文集先生。

在聽到他的想法後，當即大呼神奇，沒想到我們的想法竟然不謀而合！

二〇一〇年春天，我在日本考察結束後，回到台北，和林文集先生進行了一次長談，彼此都非常認可這套叢書先前的創作理念。隨後，他開始在百忙之中創作《讀故事，學行銷》這本書。

當然，對於我來說，這套叢書依舊面臨一個很大的問題，什麼問題？就是我們的管道有限、經歷也有限，跟各行業頂尖的人才接觸不多，要找到合適的作者是很難的。

沒想到這個難題在李錫東先生到來之後，便迎刃而解了。

安靜中蘊含著智慧，微笑中隱藏著惡作劇的意味，像一個萬聖節不給他糖果就會裝鬼嚇人的老男孩。

這個人，就是李錫東，一個自由的、傑出的、特立獨行的文化創意工作者和圖書出版人。

都說媒體人是最喜歡創新的人，每一個突然浮出腦海的奇思怪想，都具有某種神祕的魔力。對於這個說法，我深表贊同。因為這套叢書的其他作者，就是通過「魔術師」李錫東先生「變」出來的。

在李錫東先生的引薦之下，我結識了陳進成先生和王崑池先生等行業精英。創作團隊有了這些「能人」的加入，使我對本套叢書出版後的前景信心滿滿。

李錫東先生不僅利用他豐富的人脈資源，幫助我找到了其他適合的作者，還對本套叢書提出了一個切實可行的建議，用他的話說就是，「這套叢書應該比較像『老婆』，簡潔不繁瑣，不玩虛的，不弄浪漫，老老實實原原本本地告訴你簡潔實用的方法。」由此，**簡單**、**實用**，就成了本套叢書的第三個特色。

另外補充一點，我和李錫東先生在策畫內容的時候，他給我的建議是，要讓讀者在一天之內能讀完一本書，而且獲得應該得到的實用知識，我覺得這套叢書基本上實現了這個目標。在書名和封面的設計上，李錫東先生也想出了顛覆性的創意：用橙皮書、藍皮書、綠皮書……為書名，封面也用相關聯的顏色，橙色、藍色、綠色……這個設計，是基於色彩心理學的原理。比如，橙色具有熱情的特質，給人親切、坦率、開朗、健康的感覺，是交際中不可缺少的色彩，因此，交際用「橙皮書」；以此類推，藍色象徵中規中矩與務實，適合執行力強的專業人士，執行不妨就用「藍皮書」；綠色象徵和平、沉穩，給人無限的安全感，在人際關係的協調上扮演重要的角色，這正是談判者所必備的素質，為此，談判就定為「綠皮書」……

以上體現了本套叢書第四個特色：**內容新穎，形式更是別具一格**。

寫到這裡，讀者一定會問：「閱讀這套叢書有什麼好處？」這個問題我不能越俎代庖來回答，只有讀者親自讀過才能做出自己的評價。編者和作者能做的，就是確定一個非常明確的努力方向，然後專業、嚴謹、用心寫好每一個字。但是，我能保證，這套叢書可以讓你一本接一本地讀下去。

我們雖然很用心、很努力地做這套叢書，但不免會出現疏漏和欠妥之處，還請讀者朋友給予諒解與指正！同時，也深深感謝為本套叢書出版付出努力的所有同仁和朋友！

推薦序

淡定談，精準判

中華民國對外貿易發展協會董事長
王志剛

展昭國際企業的鍾董事長宏義是一位勇於創新、積極進取、長於談判的台灣傑出商業領袖之一。

展昭國際企業自設立以來，快速成長茁壯，業務不斷擴增。鍾董事長從事國內外商務活動多年，累積了豐富的談判實戰經驗；透過鍾董事長卓越的談判技巧，展昭與國內外諸多企業締結聯盟合作夥伴關係，目前鍾董事長已成為國內外展覽業界知名的成功企業家。長期以來，外貿協會在展覽領域上與鍾董事長所領導的展昭國際企業進行多次合作，協助我廠商開拓海外市場。

《讀故事，學談判》是鍾董事長多年來精心蒐集國內外談判案例而成的一本精采實用的談判教戰手冊，內容淺顯易懂，生動有趣，引人入勝，並充溢著談判的實戰技巧。有別於坊間其他一般談判書，本書中的談判案例相當豐富，藉著許多鮮活的談判現場小故事，讓讀者立即掌握故事中當事人談判成功的關鍵所在；透過各種不同案例的翔實剖析，不經意地傳授了許多談判的實務技巧，讀者可在輕鬆心情下，一窺多面向的談判情境，心領神會談判前的事先準備、談判中的交手及談判後的應對訣竅。多讀本書幾次，熟能生巧，當可掌握先機，靈活運用於自身談判上。

不僅如此，本書案例主角泰半為商場上的買賣雙方，有許多技巧性的機敏觀察及對談；閱讀本書，亦可從中學到人際溝通與產品行銷的技巧，值得商務人士一讀，將可從中獲得許多寶貴啟發，受益無窮。

台灣國際化程度日深，廠商與外商協調談判的機會與日俱增。本書上市，不啻是我業者的一項福音，對日常工作、生活，以及與外商交涉談判上，均有相當助益。展昭鍾董事長近日來邀為行將出版《讀故事，學談判》一書贅數言，爰樂為序。

從趣味中學習細膩的談判術

前行政院政務委員
尹啟銘

談判，在我們日常生活、生活周遭，時時在發生。小孩功課還沒做完，就和父母吵著要出去玩，雙方就進入談判狀態。出缺要升官，下屬跑來和長官請託，雙方也進入談判情境。

談判可以從戰略或戰術層次思考，它是門藝術也是項技術，它可以是多邊也可以是雙邊進行，它要靠實力也要靠手段，它可以是雙贏也可以是雙輸。換言之，談判的情境像流水，沒有固定的形式，也沒有一定的方法，就如孫子兵法，運用之妙存乎一心。如人生，談判的能力是終身學習的累積，從失敗和成功的經驗學到下次致勝的元素，因此它是一門理論結合實務的學問。

談判不只是在商場上經常發生，在政府部門也是家常便飯。長官經常叮嚀同仁要做好事前準備，要有良好的臨場判斷與反應能力，甚至要做好事後的處理。早期聽過一位長期帶領我方官員參加台美諮商談判的長官說，每次赴美談判回來，國內媒體記者都會問：談判結果如何？即使是成果豐收，也不能得意忘形，大吹大擂。因為我方大獲全勝，表示對方代表談判不力，下次再談判時，對方代表一定會加倍要回去，造成我方談判困難。因此，最好的回答就是要顧到雙方的面子和裡子，累積下次談判能夠順利推進的基礎。對方、我方雙贏，面子、裡子兼顧，短期、長期思慮，就是這個故事的重點。

我個人在公務員生涯也曾經歷過許多的談判事件，早期最密集的是我國為了加入GATT，也就是後來的WTO（世界貿易組織），我們必須和二十多個國家進行關稅及市場開放的談判，事前的準備工作要周全當然是不在話下。有一次，要和南韓代表在瑞士日內瓦談判我國開放南韓汽車進口數量的議題，我方是由我的同仁代表領軍。談判時，南韓代表的態度很強硬，要求我方開放較高數量的南韓汽車進口，雙方談判遇到僵局。我的同仁從日內瓦打電話回來請示我，我只問兩個問題，一是談判不成會怎樣？另一是南韓政府代表有無廠商同行？

我同仁告訴我，此次談判如果不成，下次再談，多花一趟出國差旅費；另外，南韓有廠商代表隨行。我就告訴同仁，談判要談得好，不是要談得快；差旅費是小事，產業利益是大事。至於南韓代表有廠商同行，表示南韓廠商很急，因為如果我方先開放日本汽車進口，南韓汽車會處於不利競爭地位，因此南韓廠商最在意的不是開放的數量，而是我方盡快開放南韓車輛進口。於是我告訴同仁，堅守我們提出的開放數量，談判應可完成。果然，到最後，南韓代表同意了我方的底線。這個故事的重點又在哪裡？是要能審時度勢，透視雙方關切的重點是什麼，才能做出正確的決策。

從看故事、讀案例之中，可以學習到很好的談判技巧。一則故事就像一件禪宗公案，裡面包括很多的東西。「聞、思、修」是學佛的三步驟；看一則談判的故事，靜下心來，想像談判的情境，有人性、有技巧、有籌碼、有取捨、有攻防、有布局……思考越深，可以得到越多的東西。

鍾董事長宏義兄縱橫商界多年，長期帶領龐大專案團隊經營會展事業，須與上、下游廠商和客戶等各方面周旋，甚至要協助國內廠商開拓陌生海外市場及協助海外商務客來台採購。每一次的協調、溝通，每一次的爭取、讓步，目標都在爭取多贏、雙贏，完成艱困的任務，其經驗都是精采的談判經典。此次宏義兄將其寶貴的談判經驗，以蒐集的深入淺出的小故事表達出來，可讓讀者受益良多，對初學者是很好的學習途徑，並讓人認識到這位才子的智慧與談笑用兵，故樂為之序，推薦給大家。

作者序

為了更好而學談判

展昭國際企業董事長

我們都是談判者，不管你情願還是不情願，在不經意中，生活就會將我們推進談判現場，讓我們不得不扮演談判者的角色。

小到孩子向母親討一塊糖，大到國家之間是否需要合作，都需要談判。談判是人生無法避免的、也是不可少的。

生活日漸複雜，衝突也日益增多，人們之間的談判不可避免頻繁了起來。無論談判大小、複雜或簡單，任何人都希望有好的結果。然而，並非每一次談判都能稱心如意，事與願違、背道而馳的情況偶會發生。這種情況不是你想看到的，怎麼辦？這時，就會想到透過談判技巧幫助自己扭轉局勢。

其實，談判既不神祕、也不可怕，只要你通讀本書，熟練掌握書中介紹的談判技巧，並加以靈活運用，那麼，再難的談判都不會令你畏懼、都能得到一個滿意的結果。若你已對普通的談判技巧感到厭煩，甚至敬而遠之，不妨翻開本書，它將會給你一個驚喜。

談判的最高境界，就像兩位武林高手的巔峰對決，談笑間，檣櫓灰飛煙滅。但要做到這一點，需要從日常生活中點滴做起，時刻注意修練自己的談判本領。本書就是一部教會你談判技巧的寶典，從八個角度切入，讓你一步一步看清談判的本質，做好談判的準備，把握談判的原則，熟練運用談判的技巧，完美進行人際溝通，達成滿意的談判效果。

書中的案例，都是我聽到的故事和看到的個案，再企畫撰寫而成——所涉及的談判技巧，不僅可用於商業談判，還適用於各種場合和各個領域。無論是正式或非正式談判，抑或個人、團體間談判；無論談判對手強硬、還是難纏，讀過之後，你都會應付自如。

此外，書裡除了介紹談判技巧，還透過一個一個故事，傳達談判時，可能會遇到的各種情境，以及談判雙方所採取的方式。使你在不經意間，就進入談判現場，然後見招拆招，不知不覺就學會談判的諸多方法。

談判無處不在，因此，當你需要談判，請翻閱本書，會起到立竿見影之效；當你閒暇無事，也不妨拿來一讀。這些妙趣橫生的故事、深刻透徹的理論，不僅能提高你的談判水準，還會成為你陶冶性情、提高學養的有益元素。

希望這本書，能為你在商場、事業和人生旅途中，抵達輝煌、成功的彼岸！

目錄

CONTENTS

CHAPTER

1 明確談判目的

談判的目的不是為了取勝，而是成功。

世界上賺錢速度最快的是談判。在談判遇到僵局或者進入死胡同時，我們完全可以在不改變目的的前提下，繞開這個問題，在另一個問題上尋找切入點。因為所要談判的內容永遠是多樣化的，所以盡量避免把話題集中在一個焦點上。

CHAPTER

2 談判要講究人品和儀容

談判是人與人之間的一種交際溝通方式，是人的一種行為表現，帶有很大的人為因素和色彩；不同的人，會帶來不同的談判效果。選擇合適談判人選的標準有很多，除了談判的風格與技巧外，人品和儀容如何，是非常重要的一個標準，應該放在突出的位置。

CHAPTER 3 做好談判的心理準備

通常真正坐上談判桌後，你和對方想要得到的東西都一樣，最後絕對不會有什麼神奇的雙贏解決方案。如果你的心理素質不夠強悍，表現出退卻的神色，就等於是在告訴對方，他們有可能得逞。

CHAPTER

4 握牢談判底牌

談判底牌，是談判的殺手鐧，不到關鍵時刻，絕不能輕易出手。要對談判有絕對把握，並且是九十九度的「熱水」，加上這一度，水就會沸騰，談判就能成功。這樣的火候，才是亮出底牌的最佳時機，同時也是開始簽字的成功時刻。

CHAPTER

5 摸清對手情況

「我會盡最大努力」「我會看看我能做些什麼」或「我會試著讓它不超過三百美元」，更糟的是「我們會盡力……」。這些意圖為自己脫罪的措辭，是用來讓你做好心理準備，接受對方的言行不一。

因此，了解你的談判對手，要落實到摸清他說的每一句話。

CHAPTER

6 掌握談判技巧

一位教徒問神父：「我可以在祈禱時抽菸嗎？」請求遭到嚴厲斥責。另一位教徒問神父：「我可以吸菸時祈禱嗎？」請求卻得到允許。這兩個教徒發問的目的和內容完全相同，只是談判語言表達方式不同，但得到的結果卻相反。由此看來，談判技巧高明，才能贏得期望的談判效果。

CHAPTER

7 追求談判成果

你想到一家公司擔任某一職務，期望的月薪是兩萬美元，而老闆最多只能給你一點五萬美元。老闆如果說「要不要隨便你」，就有攻擊的意味，你可能扭頭就走。若老闆不那樣說，而是這麼說：「以你的能力，要求月薪兩萬美元並不過分。但是，在你這個等級裡，我只能付給你一萬到一點五萬，你想要多少？」很明顯，你會說「一點五萬」，而老闆又好像不同意地說：「一點三萬如何？」你繼續堅持一點五萬。結果，老闆投降。實際上，老闆是運用了選擇式提問技巧，而你卻放棄了爭取兩萬美元月薪的機會。可見，追求談判的成果尤為重要。

CHAPTER

8 評估談判價值

兩個孩子討論如何分一顆柳丁。吵來吵去後，達成了一致意見：一個負責切柳丁，另一個先選柳丁。第一個孩子把半顆柳丁拿到家，用果肉打果汁喝。另一個孩子回到家，把柳丁皮留下來磨碎，混在麵粉烤蛋糕吃，卻把果肉挖掉，扔進垃圾桶。

雖然兩個孩子各自拿到看似公平的一半，卻因雙方盲目追求形式和立場的公平，並沒有將各自的利益在談判中達到最大化。試想，如果兩個孩子充分交流各自所需，或許會有多個方案和情況出現。可能的一種情況就是，將果皮和果肉分開，一個拿到果肉喝汁，另一個拿果皮做烤蛋糕。

CHAPTER 1

明確談判目的

談判的目的不是為了取勝，而是成功。

世界上賺錢速度最快的是談判。在談判遇到僵局或者進入死胡同時，我們完全可以在不改變目的的前提下，繞開這個問題，在另一個問題上尋找切入點。因為所要談判的內容永遠是多樣化的，所以盡量避免把話題集中在一個焦點上。

1 商務談判講大局——汽車製造商的妙招

商務談判是指不同的經濟實體，為了自身的經濟利益和滿足對方的需要，通過溝通、協商、妥協、合作、策略等各種方式，將可能的商機確定下來的活動過程。

經過幾個月的努力，卡梅羅終於說服了一家汽車經銷商與自己合作，雙方在電話裡約好談判的時間、地點，以及合作的大致方向。為了能夠順利拿下這次談判，卡梅羅事先做了很詳盡的準備，也假設了幾種可能發生的後果與應對辦法。

果然，在經銷商到來時，談判並沒有預期那麼樂觀，他甚至跟卡梅羅說：「我今天來只是想大致了解你們的產品，因為我的辦公室裡壓著好幾份汽車製造商的報價，他們所提出的條件都很優惠。」

「這隻狡猾的狐狸就是來試探我的！」卡梅羅心想，「如果我順著他的話題說下去，談判很快就會陷入僵局。答應的話，會損害自己的利益；不答應，對方就會離開談判桌。為了自己的生意，一切都不能操之過急，一定要穩住這個經銷商。」

想到這裡，他話鋒一轉，談起了公司最近在汽車改造上的一些個性化的亮點，可以讓司機在操作中更加舒適和得心應手，並且還特別指出：「改造過的汽車，還有一個更大的好處就是：比老款的汽車節油百分之十，不要小看這百分之十，很多買家看中的就是這一點。」

卡梅羅的一番話，很快讓經銷商的思路，從汽車價格上轉移到汽車的舒適程度與油耗上，這樣就相當於將自己的球隊由客場轉到主場，接下來的談判相對來說也就順利多了。

卡梅羅的一番話，很快讓經銷商的思路從汽車價格上，轉移到汽車的舒適程度以及油耗上，這樣就相當於把自己的球隊由客場轉到了主場，接下來的談判相對來說也就順利多了。

談判教戰指南

商務談判是商業活動非常重要的一部分。任何商業活動都離不開談判，哪怕是最簡單的買賣，也離不開這個過程。有人說商務談判是一門科學，有人說是一門藝術，但這兩種說法都不全面。商務談判其實就是商業經營的一個過程，也是一種手段。在一般人眼中，商務談判大多是指商業利益實體之間的談判，也是我們常遇到的情形。

商務談判的特點很明顯，因為談判對象多半具有不確定性和廣泛性，談判雙方既互相排斥又要緊密合作，所以會面臨談判的過程不僅多變，還有很大的隨機性；談判的結果既公平，又潛藏很大的不平等性。

了解商務談判的這些特點，就應採取相應方案，做好充分的準備。從整個經濟形勢、市場情況和自己的長遠利益出發，從宏觀上把握談判的進程和結果。

以下是商務談判的幾個小建議：

1. **應選擇好目標市場：**瞄準自己要銷售或者採購的目標市場，並進行充分的調查研究，全面了解市場的整體情況和目標對象情況。

2. **選擇好交易的對象：**透過各種管道和途徑，全面了解、分析交易方的經營範圍、經營能力、產品、資信、經營風格等，要貨比三家，貨賣三家，瞄準最合適的談判對象。

3. **做好詳細、周密的談判計畫和方案：**談判中可能會出現各種情況，所以要有充分的預估與準備。明確談判主題，堅持談判目標，把握平等和雙贏的原則，兼有機動、靈活的彈性，盡量避免落入談判陷阱。

4. 選擇合適的談判人員：人員搭配要合理，既要有高超的談判能力，還要具備業務、技術、市場、法律、財務等方面的知識和能力。

總之，無論參加什麼樣的商務談判，都是參與商業競爭、開拓市場的一種方式，為此更要了解各種談判風格、熟練掌握談判的規律與技巧，如此才能有效利用談判的各種合理手段。想要運籌帷幄，就須掌握先機和主動，贏得談判成功，促進事業的發展。

一句話學談判

找出談判方渴望達到的目的高低，最好方法就是勸誘他們先開口。他們希望的可能比你想要的還低，如果你先開口，就有可能付出比實際需要的還多。

2 推銷談判找捷徑——電信公司的小型軍刀

推銷談判，是指推銷員為了將自己的產品推銷給顧客並獲得利潤，就合約條款同顧客協商對話，以達成交易的行為與過程。

傑克和羅斯同為一家公司做銷售，這家公司的產品是多功能的小型軍刀。傑克去商場推銷，在與櫃枱組長洽談這項業務時，組長對他說：「你看，我們這裡有很多款多功能軍刀，且進貨的價格也不算高；更重要的是，供應商允許我賣完以後再結帳。」

很明顯，組長這是在和傑克壓價，而一般人為了打開市場，首先都會不情願地同意買方的要求。

羅斯則不是這樣，他去了電信公司，找到了業務主管，向其推銷多功能軍刀。這讓業務主管覺得很有意思，他說：「你說說看，有什麼理由可以打動我，如果你說得合理，我就訂購你的產品。」

「電信公司經常會搞一些話費促銷業務，如果在每一百美元的話費裡，同時贈給客戶一把多功能的軍刀，會達到雙贏的效果。」

「說說你的道理。」主管饒有興致地問道。

「你看，這款軍刀很精巧、很漂亮，有很強的實用性，卻很少有人會專門去商場選購它，如果把它搭配在話費裡就不同了。一般人繳納話費的金額都是五十美元，如果所繳的話費面值等於或超過一百美元，就可以贈送一把軍刀，一定會有人因為對軍刀感興趣而繳上一百美元話費的。這樣一來，你我的綑綁銷售，就可以達到最理想的效果。」

主管覺得羅斯說得很有道理，就留下他的一些軍刀與聯繫方式。事實證明，羅斯的判斷非常準確，很多客戶都因為喜歡這款軍刀，而繳交一百美元的話費。

談判教戰指南

推銷談判的目的，就是賣出自己的產品與服務。這是商業經營中比較常見的一種談判，幾乎貫穿了商業活動的始終。做好推銷談判，對於商家銷售出自己的產品與服務非常重要，是商家實現利潤的主要手段與方法之一。

最簡單的買賣，也離不開談判。一般情況下，人們憑藉常識就完全可以應付，例如商店裡的售貨員與顧客的談判，只需提供價格等基本的談判條件即可，完全由顧客判斷是買還是不買，談判很容易得出結果。而一些大宗的推銷業務，往往會因為競爭對手眾多，市場形勢千變萬化，而變得非常複雜。要實現其推銷目的，就要講究一些談判的策略與方法。

那麼，推銷談判有沒有捷徑？一定有，但不是投機取巧，而是在充分掌握談判規律與全面了解對方情況的基礎上，進行靈活發揮。

要做好推銷談判，應把握以下幾點：

1. 對自己的產品瞭若指掌，準確定位自己的產品，把握好自己產品的優點與缺點。

2. 充分估計談判對手針對產品可能提出的問題，尤其是產品的不足與缺點。要了解問題的癥結所在，針對問題，準備好解答方案。在談判中，既不能否認產品的問題，又不能因為問題而掩蓋產品的優點與優勢，讓對方在權衡中認可自己的產品。

3. 要學會適當讓步，同時要把握好讓步的火候與分寸。談判的過程中要給自己虛設一個空間，在談判陷入僵局或尷尬時，為談判留下退路和機會。也不妨來點聲東擊西、移花接木的小把戲，逐步消除對方的疑慮與猶豫，堅定對方對自己產品的信心。

4. 如果對方條件苛刻，要學會幽默、委婉地拒絕，偶爾可以佯裝惱怒，但一定要及時扭轉，表明態度既堅決又誠懇。

5. 如果能夠談判出理想的結果，也可以通過其他途徑，給予對方一些迂迴的補償，以便給對方留下合作愉快的好印象，使交易能夠長久維持下去。

一句話學談判

永遠不要在沒有選擇餘地的情況下談判，如果在這種情況下談判，就會使自己處於下風。

3 求職談判靠實力——留得青山在，不愁沒柴燒

在求職談判中，很多人常常把贏得談判看得比談判目標更加重要，這樣做就完全本末倒置了。如果老闆對你有成見，即使你贏得談判，也會成為最後的輸家。

畢業生喬宇是一個看起來很老實的年輕人，相貌平平，穿著也沒有什麼特別之處，這也是他參加某公司招募時，給考官的第一印象。

考官對他的問話也是輕描淡寫：「請把你的簡歷拿過來，我看一下。」

考官按照慣例接過喬宇的簡歷。

看完簡歷後，考官遞給喬宇一張試卷，要求他解答試卷上的試題。喬宇接過試卷一看，就緊張了，因為上面的題目他一點也不會。最後，只好把試卷遞給考官，告訴他說：「不好意思，這些題目我不會做，感謝您給我這次考試的機會，不過我可能無法勝任公司的工作，抱歉！」

說完，喬宇轉身要走。這時考官叫住了他：「從你的言談舉止，與你的簡歷背景，我就感覺你是一個很誠實的人。如果你不被錄取，你會怎麼看待這次面試？」

「如果不被錄取，只能說明我的專業不是貴公司所需，沒有什麼可遺憾的。」喬宇的語氣很平靜。

「請等等，我剛才拿錯了試卷，請你做這份。」

這一次的問題跟上次的迥然不同，喬宇很快就熟練地回答所有的問題，他的表現令考官非常滿意，他笑著說：「你的心態非常好，如果再加上熟練的專業水準，那就更棒了。為了進一步證實我的看法，我給了你一張非專業的試題，就是想看一看如果你不被錄取會是什麼反應；結果你很謙虛也很誠懇。我們招募人才首先要看品格，小夥子，你很棒，安心等通知，很快就會有好消息的！」

談判教戰指南

這是一個典型的求職談判。

人的一生，都會有幾次求職經歷，把握好求職談判的要領，對找到理想職業，會有非常大的幫助。

在謀職前，應該做好面試的各種準備，包括心理上的準備。

☆要清楚自己的能力和實力，不能好高騖遠。不切實際的應徵，往往會對自己的自信心造成很大的傷害，影響以後的求職。如何認清自己的能力和實力，不妨參考一下同學或與自己程度相當的人的應徵情況、工作情況。大致判斷出自己應徵什麼樣的公司、什麼樣的職位，比較合適、比較有把握。

☆認清自己實力的同時，要調查清楚應徵公司的詳細現況。包括經營狀態、管理特色、用人政策與招募職位的競爭情形。

☆要準備好自己的應徵資料。真實而又揚長避短，把握好自己的優勢。

☆求職談判過程中，要講究一些方式、方法。做到心中有數，應對自如。

另外，在求職談判過程中要注意以下幾點：

1. 要注意自己的儀表儀容，穿著要得體，不能給人留下邋遢、隨意的印象。

2. 言談舉止彬彬有禮，沉著冷靜，不可冒失唐突。

3. 不要輕易與談判對方爭辯，認真傾聽對方的提問和質疑，針對關鍵問題有理有據地回答，凸顯自己的實力，既不輕狂、又不阿諛。

4. 與對方謀求共同點，該讓步時就讓步。

5. 把握好自己的底線，即便談不攏也不要輕易放棄自己的底線。

6. 無論談判結果如何，都要禮貌地與對方道別，留下一個好印象，就是為將來預留機會。

一句話學談判

談判者最不該做的事情，就是接受對方的第一次出價。

4 勞資談判看錢袋——狠心的老闆，你該下課了！

勞資談判和其他談判相比較，有其特殊性，是員工利益與企業利益之間的一次博弈。降薪、拖薪、欠薪，是勞資糾紛的主要內容，同時，也包含一些安全生產措施、福利待遇等問題。

大衛和雅各在公司已工作了十五年，他們的職責是負責全公司所有設備的電路。隨著公司的發展，設備經常需要檢修，他們的工作量也逐漸增大，並且還時常加班。時間長了，大衛和雅各就找機會對老闆說：「我們今天來找您是想談談薪水的問題，我們的工作量明顯比原來多，且假日也常加班，我們希望薪水也能增加。」

「呵呵，你們坐，這個問題我一直在考慮，絕對不會虧待你們的！」老闆很客氣：「我們公司近來發展得不錯，這當然少不了你們的努力。」

老闆首先承認了他們的貢獻，但是對於加薪問題卻閉口不談。大衛兩人看出老闆的意思，所以他們直切主題：「您看，我們不說別的，就看做我們這一行的，外面的薪水待遇都翻倍了，可是我們的薪水依然沒增加；更何況現在物價飛漲，我們這微薄的薪水，已難以支付最基本的生活費用了。」

「好好，你們的意見我會考慮，給我一些時間好嗎？」老闆依然是滿臉笑容。

可是過了幾個月，加薪的問題依然沒有任何動靜。大衛兩人再次找到了老闆說：「您看這時間已過了好幾個月，我們的薪水還是那樣。」

「你們的問題我想過了，可是加薪不是一件小事，公司那麼多人，只為你們加薪，別的員工沒加薪，會引起不滿的。」

老闆的話讓兩人心裡涼了半截，看來事已至此，老闆永遠不會體諒員工的心。於是，他們毅然提出了辭職，告訴老闆說：「如果加薪很難，那麼，我們與公司的合約期滿後，就不在這裡工作了！」

他們的話讓老闆不得不重新考慮加薪的問題，畢竟公司需要這樣有工作能力且任勞任怨的員工。如果他們去了別的公司，那麼自己公司面臨的不僅是損失，而且還有壓力；如果公司重新招募員工，依然免不了勞資談判的問題。

「那好吧，從本月起，我為你們加薪！」一番思考以後，老闆果斷地提出了回答。

談判教戰指南

進行勞資糾紛談判，最基本的一點是，針對企業實際經營情況與資金現狀，制定談判方針和策略。既要依據法律，還要結合企業實際情況，爭取最大限度地維護好自己的權益。

勞資糾紛在許多情況下，是因為企業經營狀況不佳，導致積欠薪資等問題。這樣的談判，應集中在如何迫使企業提出合理的資金分配上。首先，保證發放部分薪資、分批分段解決，不要想一次解決問題。既要保證企業能維持運轉，又要能夠解決員工的薪資問題，不要一下子把企業或員工逼上絕路，導致無法解決實質問題。如果是裁員糾紛，要完全依據規章辦事。

處理勞資談判之前，要先了解法律規定，同時要摸清雙方問題的焦點，抓住主要矛盾，根據企業實際狀況，展開切實可行的談判。一般情況下，勞資談判的背景都很複雜，每次談判的內容與結果都各不相同，沒有一套標準模式可供參考，但基本的談判內容大致一樣。所以，勞資談判中，法律的規定和企業的經營狀況，會造成關鍵性的結果。為此，工會為維持員工權益與維持勞資雙方的關係，就要有所擔當，發揮出自己的功用。

一句話學談判

最有用的談判語，不是「不行」，而是「萬一」、「如果」。

5 辦公室談判鬥心機——聰明別被聰明誤

下屬與老闆的談判，常常是討價還價的過程；而同事之間的談判，多數是為了工作的相互制衡。為此，辦公室談判，注定充滿了智慧，是一場智力遊戲與競賽。

威廉和約翰同在一家公司工作，威廉是銷售部業務主管，約翰則是副手。威廉由於工作經驗豐富，執行力又強，找他諮詢業務的人很多，如果老闆有事也是直接找他商量。在很多關鍵的談判和重要的場合，都讓威廉參加，全然不顧約翰的存在。久而久之，約翰心裡就很不舒服，工作起來也不那麼認真。如果有人找他談工作，就推三阻四地說：「你找威廉去吧，他在辦公室呢。」

事情說來也巧，威廉得到了另一家公司老闆的賞識，把他高薪聘請了過去。威廉走了之後，大家猜測約翰會接替威廉的職位轉副為正；老闆也想：約翰是公司的老員工，對業務很熟悉，可以將威廉留下的業務都接過來，還可以為他適當地加薪水。

由於威廉在時，約翰根本不過問業務，兩個月下來，就將這個部門鬧得雞飛狗跳，全公司上、下都埋怨老闆用錯人了。為了公司的發展，老闆不得不再次將威廉請回來。

在為威廉舉辦的歡迎宴會上，同事無不熱烈歡迎威廉回巢，唯獨約翰含沙射影地說：「好馬不吃回頭草，你怎麼還會回來啊？」

約翰的話讓大家像吃了蒼蠅一樣難受，但沒有人理會他。威廉明白這話裡的意思，不過，他知道約翰小心眼，並不在乎他說什麼。說出話來冷場了沒有人理會，約翰也挺難看的。

很快，威廉就回到了原公司，他也明白約翰雖是副手，但因部門中有很明細的分工，威廉不能將工作全攬過來，特別是有人在請示工作時，他就說：「這些事情你們該去找約翰。」他經常人前人後、有意無意地提高約翰的威信。

每逢工作時，約翰找他商量，威廉都耐心解釋，然後教約翰安排其它的事情。這樣做，慢慢提高了約翰的工作能力，也提高約翰的自信，同時，也緩和自己跟約翰之間的關係。其實，約翰的工作能力還是很強，只是把精力用錯了地方。

談判教戰指南

正如故事中表現的那樣，辦公室談判多數屬於企業內部員工間的業務談判。上下級、同事之間，都可能因為某項工作或某項人事安排，進行一番談判，這不僅是利益的博弈，也是政治上的較量。

把握底線，相互謙讓，往往是辦公室談判的一大特徵。但「讓」裡面其實充滿了「爭」。讓是掩護，爭才是根本。

例如工作安排，可先強調困難與不利的因素，以及對工作不同看法，及時進行交流溝通。之後，還要表達完成工作的決心，如此才可以提出自己的條件。提條件時，不妨多提幾條，除了關鍵性條件，其他則作為讓步的籌碼使用。

這樣的談判，首先，要對自己或自己管理部門的實際工作能力，做到心中有數，不打無準備之仗。其次，要充分判斷老闆或上司所安排工作的難易程度，需具備的條件和可能遇到的問題，以及工作的目標任務。提出的問題要具體分析，既要讓老闆或上司，認識到完成工作應給予的支援，又要讓老闆或上司充滿信心，只有如此，才能真正達到談判的效果。

如果是加薪談判，要以理服人，盡量列舉出自己的業績，讓老闆或上司充分認識到自己所做的努力。同時，要清楚公司的相關規章制度，依據制度提出合理的要求。要讓自己的要求，具有可比較性和可操作性，不能居功自傲，更不能以自己的業務能力與業績要脅老闆或上司，那樣，只會使談判向對自己不利的方向發展。

辦公室談判最忌諱意氣用事，不能動輒發脾氣，也不能動輒翻臉走人。即使談判不成功，也要心平氣和、禮貌結束談判，為下次談判留下好的伏筆。

一句話學談判

在談判高手眼中，「不」這個字並不是代表拒絕，只是代表一個談判初始的立場。

6 生活消費談判動感情——我的幸福誰彌補？

生活消費談判，在曉之以理的基礎上，動之以情；用商品和服務對自己造成的危害，打動談判方，突破其心理防線，讓其產生愧疚心，使感情的天平傾向自己的一方。

金敏是一家公司的簽約演員，前一段時間，她接到一項演出任務，要求她表演一個為生活所累、受盡磨難的女性。為了更好地表現戲裡的人物特徵，她決定去買減肥藥。

減肥藥的牌子五花八門，為了盡快達到減肥的理想效果，金敏選擇了一款每週減兩公斤的「俏女郎」牌減肥藥。剛開始服用時，效果很明顯，兩週以後，金敏的體重明顯下降。正當她為自己的減肥成功而欣喜時，奇怪的現象發生了：一天清晨，金敏發現自己的頭髮脫落許多，用手一捋，竟掉了一大把。她懷疑是減肥藥產生副作用，就找到了銷售商那裡。可是銷售商卻不承認：「你說，是從我這裡買的減肥藥，那麼，你拿出發票給我看！」

金敏當初買藥時，忽略了發票問題，拿不出發票來，無法面對銷售商的提問。不過，她並不甘心就這麼算了：「這款減肥藥就是從這裡買的，你不承認是害怕承擔責任，但我一定要起訴你們！」於是，金敏一紙訴狀把「俏女郎」減肥藥的銷售代理商告上了法庭，要求對減肥藥的成分進行化驗，她懷疑裡面含有不合理的化學成分，並向銷售商與廠家索賠自己精神、經濟損失費。

很快，化驗結果出來，減肥藥裡含有西布曲明（Sibutramine）。金敏的律師說：「西布曲明如果摻雜在減肥藥裡，減肥效果固然很明顯，但副作用也很嚴重，所以它被嚴格定位為處方藥。既然『俏女郎』裡含有處方藥，就應在說明書上注明，可是本產品沒有，屬於假冒偽劣產品，是在欺詐消費者。」

銷售商的律師此時啞口無言，他說：「藥品裡含有處方藥，那是另外一回事，但誰能證明你買的就是本店的藥？」

「你們店裡就賣這種藥，你憑什麼證明我不是從你們這裡買的？再說，我總不至於繞幾百里路到別處去買吧？」金敏當場就要發火。

這時法官說話了：「當事人不索取發票，這並不違反買賣雙方的交易規則，不能成為被告拒賠的理由。」

最後經過合議，法官當場宣判：「鑒於俏女郎減肥藥含有處方成分西布曲明，且沒有在說明書上注明，被當成非處方藥隨意賣給消費者，導致原告在服用後，頭髮大面積脫落，給當事人造成嚴重的精神損傷。現在本庭宣判，遵照原告的請求，被告賠付原告精神與經濟損失的一切費用。」

談判教戰指南

正像故事中所講那樣，生活中不如意事十常八九。例如簡單的購物，就有可能買到各種假冒劣質商品，或者名不符實，買到的商品令自己失望。遇到這種情況，往往少不了要與商家理論一番，進行一場針尖對麥芒的談判。

生活消費糾紛談判，人們會經常遇到。每遇到這種情況，總是令人情緒激動，氣憤異常，很難理智對待。為此，面對這樣的談判，建議人們要冷靜處理，從以下幾個方面入手：

1. 買到假冒偽劣或不滿意商品，不可衝動，先放一放，平靜一下自己的情緒，通過與家人、朋友溝通等方式，使自己憤怒的心情恢復冷靜。只有理智對待這樣的事，才能使接下來的談判，向自己有利的方向進展。

2. 仔細分析商家對商品的說明，摸清商品的品質與性能，抓牢商家出售的商品不合格的證據，並蒐集與此商品相關的商家資料，為談判做好充分準備。

3. 談判過程中，要講究策略，打蛇打七寸，抓住要害，用充分的證據讓商家心服口服。同時，對於商家的狡辯，要用事實與證據給予堅決的駁斥，不讓商家顧左右而言他，轉移視線，將自己引向無關緊要的細枝末節。在賠償問題上，抓牢自己的底線，靈活機動，適當讓步，直到達成自己滿意的結果為止。

4. 如果商家態度蠻橫，針對問題，不予解決，一方面要借助輿論的力量，在證據充分的基礎上，將商品出現的問題和商家的態度，交由公眾討論，讓輿論監督商家，正視自己的問題；另一方面，堅決拿起法律武器，通過法律途徑，解決爭端，以便維護自己的合法權益。

一句話學談判

對方發生錯誤影響到你時，抱怨是人之常情。但除了抱怨，你還需要想方設法通過談判求得補償，僅為了抱怨而與人爭吵於事無補，反而忽略了你最重要的利益。

7 糾紛談判重公平——不是一家人不進一家門

處理糾紛談判的原則，是要把握住公平，只要能做到公平，一般的糾紛就會迎刃而解。

春嬌和志明結婚時，住的是志明父親的一間舊房子。幾年以後，由於拆遷，這間舊房子換成了一間新房子。當時，春嬌夫婦從自己的積蓄裡，拿出了六十萬做為新房的改建費用。後來，志明因車禍去世，他的父親認為兒媳婦早晚要改嫁，就想趁機收回房子，這個要求遭到春嬌的拒絕。此後的日子，志明的父親總是借機在春嬌的房前指桑罵槐，罵媳婦是掃帚星，剋死自己的兒子，如今又霸占房產。無奈之下，春嬌一紙訴狀，將志明的父親告上了法庭。

法官先了解事情經過，然後仔細詢問雙方意見。志明的父親說：「這房子的所有權本來就是我的，當初他們只拿出一小部分的改建費用，現在房子也在我兒子名下，何況我兒子已過世，我怎麼能眼看著這個女人在我的房子裡，跟別人結婚、繼續生活？」

「可是為了這間房子，我們一家人省吃儉用好幾年。當初拆遷時，是你自己說的，新房的差價由我們補上，然後新房就歸我們所有。」

「我當時是這麼說，那是因為我兒子還在，可是現在他過世了，我憑什麼讓你們還住在這裡？」

法官最後判決說：「當初春嬌夫妻拿出六十萬，這些錢應屬於他們夫妻的共同財產。那麼志明死後，春嬌應是做為第一順序繼承人來繼承這間房子的產權。如果你想收回房子，就該拿出六十萬補給春嬌。」

對於這個結果，雙方都不大滿意。志明的父親根本拿不出六十萬給春嬌，而春嬌搬走後，也沒有地方可住。後來在法官的調解下，春嬌答應為老人養老送終，老人也答應讓母女倆繼續住在新房子裡。

很多家務事看起來矛盾、很嚴重，其實只是缺乏溝通，大家都適當地讓一步，就沒有什麼解決不了的矛盾。

人們在日常生活中，常常會遇到各種矛盾與糾紛，如果處理不好，容易導致矛盾與糾紛升級，因此給生活造成不必要的麻煩和損失。

在處理糾紛談判前，要充分了解糾紛雙方的背景。如果是偶發事件，解決起來比較容易。了解糾紛的起因，做到客觀公正，以理服人，曉之利害，各退一步，化解矛盾並非難事。

這樣的糾紛處理，關鍵是不能留下後遺症，以免有後患。如果是宿怨引發的糾紛，處理起來就要謹慎，不僅要看清糾紛的起因，還要針對糾紛雙方形成宿怨的問題，解決關鍵的癥結，那麼，糾紛就自然消除。

一般來說，宿怨形成的原因比較複雜，進行這樣的糾紛談判，不要幻想一蹴而就。冰凍三尺非一日之寒，解決起來也要一步一步來。重點放在疏通雙方的思想認識上，消除感情壁壘和隔閡，扭轉意識深處的偏見，充分認識矛盾糾紛帶來的危害，從根本解決問題。

生活糾紛處理也要講究技巧，不能武斷，也不能蠻橫，要採用合適的方式，破解雙方矛盾的癥結；說服雙方各退一步，認清矛盾的危害。然後，公平、公正對待矛盾和糾紛，消除誤解。只要雙方能從心理上放棄前嫌，握手言和，就會重歸於好。

處理這樣的糾紛，談判人的身分要有威信和說服力，說話能夠令雙方信服。只有如此，才不會使談判陷入爭吵和僵局，不歡而散。

一句話學談判

在提出任何建議和讓步時，務必在前面加上個「如果」。「如果」部分是你的要價，隨後部分是他付出代價後，能得到的回報。

8 國際商務談判懂習俗——入鄉要隨俗

國際商務談判，是國際商務活動中不同的利益主體。為了達成某筆交易，而就交易的各項條件進行協商的過程。

趙曉陽在一家很有規模的公司已工作了十二年，由於他遇事沉著、機敏，頭腦又很聰明，最近被調到了對外貿易部做助理。這個部門經常面對的是一些國際上的談判商，這就讓趙曉陽對自己的工作更多了一份謹慎。

有家公司要與伊朗一家企業簽署一項協議，便指派專員趙曉陽去完成這項任務。由於伊朗特殊的政治環境，趙曉陽在臨行之前，做了一系列縝密的調查。

伊朗企業派出的執行長叫穆罕默德·阿里，一身標準的伊斯蘭穿著，他親自接待了趙曉陽，對於和這個一直處在動盪不安的國家裡的人交往，趙曉陽一直謹慎有加。他不提戰事、不提政治，於伊朗所遵從的伊斯蘭信仰，趙曉陽也很敬重。趙曉陽一到伊朗，就換上了當地傳統服裝，並跟他們一起做禮拜、一起禱告。而對於伊朗最忌諱的主權、人質問題，聰明的趙曉陽隻字不提，只說伊朗人的住房多麼寬敞、游泳池多麼美麗，因為他知道伊朗是一個很喜愛游泳的國家，無論男女都喜歡這項運動。

漸漸地，趙曉陽和穆罕默德．阿里之間的關係也就更融洽了；而在接下來的日子裡，還得到了穆罕默德．阿里更多的信任，他甚至跟趙曉陽說：「我很高興有你這位朋友，相信我們今後一定會有更好的合作。」

趙曉陽用了幾乎一個月的時間，總算奠定了跟伊朗人的關係，也奠定了跟穆罕默德．阿里的感情基礎。於是便帶著自己的一個夥伴和穆罕默德．阿里為首的談判代表團，展開了談判。因為是建立在彼此互相信任的基礎上，所以談判的過程很順利，達成了幾項雙方都很滿意的協議。最後談判任務圓滿完成，趙曉陽的心裡很得意，忽然間，他愉快地向身邊的同事伸出了大拇指，用以讚揚團隊的努力終於有成果。

可是就在這時候，全場的氣氛突然凝固了，伊方代表團臉上的笑容消失，談判首席執行長穆罕默德．阿里沉著臉走出會議室。原來，在伊朗，豎大拇指不是誇讚的意思，而是罵人的意思。趙曉陽這才發現自己的舉動讓伊朗人感到一種侮辱。

正所謂智者千慮必有一失，趙曉陽這次的談判，經過了最全面、最細緻的準備，但最後還是避免不了出錯，給這次伊朗之行帶來遺憾。

在國際商務談判中絕對會面臨比較複雜的情勢，由於談判雙方的文化背景、語言不通，為談判帶來了很多障礙，增加了很多難度。隨著國際經濟地球村的形成，為使企業能匯入國際市場，國際商務談判也成了不可少的商務行程。

國際商務談判，有時候因為文化、宗教、生活習俗的不同，會橫生枝節，發生一些意想不到的情況。為此，談判前要針對對方的國情，進行全面深入地調查，特別注意要在了解和把握談判外的文化、宗教、習俗等問題上下些工夫。相同的一個動作舉止，在不同的國家、不同的文化和宗教裡，會有不同的含義，要做到入鄉隨俗，不能讓對方感覺到有侮辱自己民族或宗教感情的事情發生，而使談判破裂。

為開拓市場而進行的國際商務談判，正有如一種國際競爭。為此，要充分全面地了解國際商務貿易活動規矩，掌握國際商務談判的準則。避免談判之中，跨國文化交流產生的歧義和不必要的誤會。多聽少說，多方了解，尋找共同點；適當讓步，增進感情。熟練運用商務談判的各種有效手段，掌握主動，互利雙贏。

國際商務談判中，除了英語國家外，很多談判方的母語並非英語，這就是談判帶來一定的難度。為此要盡量使用一些簡單、明確、清楚的英語，規避那些容易引起誤解和分歧的俗語、俚語、雙關語、多義詞等，消除彼此不必要的擔心。盡量了解對方的價值觀、文化特點、語言習俗，正確無誤地傳遞自己的資訊，準確地理解對方表達的意圖和含義。為了好好展開國際商務談判，不妨邀請一些，對雙方國情和談判風格都比較熟悉的中間人或諮詢機構，參與整個談判過程。如此可了解對方情況，提供談判幫助，使談判變得簡捷順利。

一句話學談判

談判是用耳朵取勝而不是嘴巴，更為關鍵的是，善於傾聽，可以從對方的話語中發現其真正意圖，甚至破綻。

CHAPTER 2

談判要講究人品和儀容

談判是人與人之間的一種交際溝通方式，是人的一種行為表現，帶有很大的人為因素和色彩；不同的人，會帶來不同的談判效果。

選擇合適談判人選的標準有很多，除了談判的風格與技巧外，人品和儀容如何，是非常重要的一個標準，應該放在突出的位置。

1 人品在談判裡的邊際效應——相逢何必曾相識

好的人品在談判中的魅力體現在：不僅與對方達成一致，賺取了利潤，還會贏得對方信任，使對方同樣產生贏取談判成功的感覺，為下一次談判留下足夠的吸引力。

魯斯在密西西比州開了一家服裝店，專門經銷某知名品牌的服裝。他每年都會跟這個品牌的銷售代表喬治簽一份合約，包括銷售量與價格的比例，以及售後服務之類的事情。因為魯斯為人和善、重感情、講義氣，所以每次簽合約都很順利。

最近因為人事調整，喬治不再擔任密西西比的銷售代表，總部新換了一個叫舒克的人負責密西西比的業務。剛開始，關係並不是那麼友善，每年新款上市時，照例要簽合約，大概是因為陌生的緣故，舒克對魯斯的態度很生硬，無論價格還是帳期都沒有任何商量的餘地，這讓魯斯很失望。他拿出了最近幾年的業務銷售量對舒克說：「你看！這是我們最近幾年跟貴公司所有的業務往來。我們一直很努力，憑我們的銷售量，你是否考慮一下多讓給我們一個百分點。」

「不行，公司剛剛開過會，對很多細節都做了嚴格的規定，我不能擅自做主。」在舒克看來，魯斯不過是一個善於討價還價、斤斤計較的小商販而已。

正好這時發生了一件事情，扭轉了魯斯與舒克之間的尷尬。一次，喬治來密西西比跟舒克交代業務。魯斯知道以後，就熱情地接待了喬治，當然席間也有舒克。他們完全放鬆，暢所欲言，讓舒克感到，魯斯其實不是一個斤斤計較的小商販；不僅如此，他還很重感情，非常值得信賴。喬治雖然已經調走了，跟魯斯的業務沒有任何關係，但魯斯依然對他很熱情，讓舒克從側面看到了魯斯的可貴品質。從那時之後，舒克對魯斯的看法大為改觀，在以後對魯斯的供貨價格和帳期上，舒克都盡可能地幫魯斯忙。以前都是現款發貨，舒克主動提出貨款可以每月結一次，這個讓步，大大減輕魯斯資金周轉的困擾。

談判教戰指南

一個人的社會地位、知名度或影響力，在談判場合中都會對結果產生一定的影響。德高望重的人，在談判中容易帶給談判對方更多的信任感。這種邊際效應，會使談判很容易建立在彼此信任的基礎上，消除不必要的戒備和防範心理，使談判輕鬆進入融洽的氛圍。

雖然談判有時候是品格的角力，但要知道：談判的目的是成交、是利潤、是企業的發展，所以，好的品格能夠為企業長遠的發展帶來動力。

當然，談判不是為了展現和彰顯品格。好的品格，講究的是態度的誠懇、行為的守信，這會為談判增加成功的籌碼。任何談判都是為了落實和執行，好的品格也是對談判結果的落實和執行的強力保障，消除對方的後顧之憂。在談判中如何充分發揮品格的邊際效應，使談判達到理想的效果，是每個參與談判的人都應該認真對待的問題。

1. 挑選品格好、有威望的人做為首席談判代表，在談判中重點突出介紹首席談判代表，以增強對方的信任感。

2. 其他人員要為首席代表留出足夠的讓步空間，在最關鍵時刻，由首席談判代表根據雙方提出的條件進行權衡折中，一錘定音。讓對方感受到自己的誠意，認可談判的結果。只有如此，對方才能對談判結果的落實和執行充滿信心，提高產品和服務在對方心目中的價值。

用人格魅力，避免雙方由於戒備心理而可能發生不必要的衝突，進而使談判不僅成為一次合作的結束，而且也是下次合作的開始。

一句話學談判

不論談判方年老或年輕都不用擔心，他們都沒有想像中難纏，年長者認為他知道一切，而年輕者沒有經驗。

2 服飾禮儀在商務談判中必不可少——銷售中的以貌取人

服飾禮儀是商務談判中一種最基本的禮儀，得體的衣著服飾，不僅體現參與談判人員的個人修養、綜合素質，並且也是對談判對方的充分尊重。

傑生在公司一直從事業務銷售工作，可是業績一直沒有起色。有一次，他去推銷挖土機，找到業務主管以後，滿心歡喜地和對方熱情握手，然後他從公事包中拿出產品說明書，並簡單介紹了產品的性能。那位主管看了看傑生，又隨便翻了翻說明書說：「你們的產品，我們倒是沒有用過，我們一直用某某公司的產品，都說一分錢一分貨，我看你們的價位定得可不算低，可是品質有保證嗎？」

「沒關係的，我可以發產品目錄過來，你們試試，用了合適後再簽合約也行。」傑生認為有合作機會，就趕緊跟主管搭話。

不巧，這時進來一個女人，是來推銷潤滑油的，主管當時就把傑生的產品說明書放到桌子上，站起身招呼那位女推銷員坐下，然後就給她倒茶。那個女人打扮得端莊大方，她向主管介紹自己公司的潤滑油時，主管一直很注意聽。傑生此時很氣憤，畢竟自己是先來的，卻被晾在一邊，成了他們的聽眾。不過想到自己是來推銷產品的，心中就算有火也得壓住，所以他耐著性子聽他們說一些跟自己毫不相干的事情。

經過很長時間，他們的談話終於結束，主管很客氣地送走了那個女人，回頭又想起了傑生，問：「你找我做什麼？」

「主管先生，我是來推銷礦用挖土機的，我的資料就在您辦公桌上。」傑生強忍著心裡憤怒，很耐心地又跟主管介紹了一遍自己的來意。

「哦，我知道了。」主管拿起資料看了看說：「我們目前不需要這種挖土機，你可以留下聯繫方式，如果我們需要的話，我會打電話給你。」

談判沒有成功，但這只是傑生眾多吃閉門羹的例子之一。他回到公司跟同事談起這話題，多半有些氣餒、有些憤怒，可是同事對他說：「你看你也別怨別人，你連出門衣服都還皺巴巴的，尤其是脖子上還戴著一串都變了顏色的珠子，讓人一看就是邋遢、窩囊形象。而這樣的人只會來自小公司，沒有什麼實力可言，誰還會對你的產品感興趣？」

其實推銷員就是公司的門面，在談判之前，先給對方留個好印象，這談判也就成功了一半，那麼，接下來再推銷自己的產品也就容易多了。

談判教戰指南

古話說，人靠衣服、馬靠鞍。如何著裝，是參與談判人員所不能馬虎的細節。不管各國的國情、文化、宗教、習俗等如何不同，商業談判的服飾著裝，幾乎具有一定的標準，都非常重視規範化的服飾。

對於男士來說，要穿西裝、繫領帶。西裝要求一般是合體的深色套裝，顏色以藍色、灰色、黑色等深色調為主；襯衣以白色為最好；領帶色調可以活潑一些，包括出席談判宴會和觀看演出等與談判相關的公關活動，都應該身著正式服裝。

女士參加談判活動的著裝要求也比較嚴格，一般要求穿著上班套裝，顏色以淺灰、銀灰、深藍、黑色為主，不能穿得太露、太薄、太透和花俏，佩戴首飾不能太多，點綴一、兩件即可，化妝不可太過濃豔，要顯得莊重和大方。

無論男士還是女士，都不要留稀奇古怪的髮型，不過分化妝，不佩戴太多的首飾，不噴灑濃烈的香水，以免給對方發出錯誤的信號，產生不好的印象。

個性化的穿著並不適合談判，如果衣著服飾不合規範，很容易給對方造成不懂禮儀、不尊重對方、不重視談判、不把合作當一回事的感覺，因此失去談判最基本的基礎。即便談判有了結果，對方也會懷疑談判結果的落實和執行，因此缺乏足夠的信任，導致不能愉快地合作下去。

一般情況下，在彼此不是充分了解時，選擇嚴肅、莊重的正式禮儀服飾，男士西裝和女士上班套裝，是比較保險和可靠的辦法。

尊重自己就是尊重對手。透過服飾禮儀，更好地向對方表達友好、善意和尊重，促使談判順利進行，是談判的重要組成部分。

一句話學談判

學習做一顆柔軟的釘子。在談判中，並非張牙舞爪、氣勢奪人就具優勢，反倒是喜怒不形於色、情緒不被對方所引導、心思不被對方所洞悉的一方更能克制對手。

3 談判要注重表情——我知道你是開玩笑的

一個人的表情不僅能反映他的綜合素質和修養，還能體現其內心的定力和應變能力。

輕鬆自然的表情會使談判對手放鬆警惕，也很容易贏得對方的信任。德國一家汽車製造商的採購代理卡特，在一個上午打電話告訴托尼斯說：「你提供給我的潤滑油價格有點高，我最近又接到了三份報價，都比你的價錢低，你是不是考慮調低價格？否則我只能另選其他的供應商了。」

這不是一個好消息，托尼斯放下電話，反覆思考該怎麼應對卡特的要求。他突然覺得這有可能是卡特試探性的招數，或者自己哪裡做得讓卡特不滿意了。帶著滿腹疑問和不滿，他開車來到了卡特的辦公室，但是他並沒有表現出內心的憤怒，相反，他很禮貌地向卡特打招呼：「卡特你好，我接到電話就來了，不知道到底發生了什麼事情，你為什麼突然要放棄與我的合作呢？」

卡特原以為托尼斯會跟自己大吵大鬧，可是托尼斯並沒有那樣。他很耐心、細緻地詢問事情的來龍去脈，這讓卡特的心裡稍稍放鬆。他跟托尼斯說：「最近我真的接到幾個報價單，的確比你的便宜很多。我一直很信任你，你卻一直在與我高價談生意，這讓我很生氣，所以就給你打了那個電話。」

「哦，原來是這樣啊，價格的問題我們完全可以商量。你一大早就打電話給我，我還以為出什麼大事了呢。」

「這難道不算個問題嗎？」卡特問。

「呵呵，這可以算問題，不過我們是可以商量的，不是嗎？」托尼斯微笑著跟卡特說。

接著托尼斯跟卡特之間又做了一番價格的商討，討論在很融洽的氣氛中進行。

談判教戰指南

談判中表情的不同，也反映出對談判的自信心是不是心中有底？把握程度有多大？對談判有沒有足夠的掌控能力等？

一個人的表情不僅能反映他的綜合素質和修養，還能表現出內心的定力和應變能力。很多人面對未知的談判時，往往會非常緊張，表情僵硬，語言呆板，甚至出現語無倫次的情況，表達不清楚自己的觀點，嚴重影響談判效果。

自然放鬆的表情，能夠給自己的談判團隊增加信心，也會引起對方尊重和重視，在心理上不被對方壓倒，使雙方在平等、寬鬆的氣氛中進行談判。

1. 放鬆表情，談話的語言方式很重要。談判前，要掌握一些專業的談話技巧，除了幽默風趣的語言外，還要注意針對不同性格身分的人，說不同的話。風俗習慣不同，談話的方式和內容也會不同，不能談論對方忌諱的話題。

2. 不要有太多閒散的小動作，並可視對方情緒的變化，隨時調整談話的方式和內容。只有氣氛融洽才能放鬆心情，不至於出現尷尬的局面。

3. 如果談判中雙方陷入尷尬的僵局，可以由己方其他的談判人員先藉故岔開話題，聊一些與談判看似無關的話題，緩解一下僵持的氣氛。

4. 如果在談判中感到過分緊張，不妨利用談判休息時間，去洗手間或室外放鬆一下，做幾次深呼吸或者簡單的活動，也可以委婉地藉機中斷談判，另外尋找時間重啟談判。

一句話學談判

做為一名談判者，只要你打算把生意談成，考慮到談成後所得到的好處，並看出有談判交換條件的前景，就犯不著為對方的行為生氣。

4 談判團隊要合理搭配——不是一個人在戰鬥

一個大型的專案談判，往往會需要很多人參加，如何組織談判隊伍？談判隊伍的人員構成，每個人員擔任什麼角色？需要合理搭配，力求取得最大成效。

商場如戰場，談判桌前你來我往猶如過關斬將，可是，單槍匹馬往往不能夠獲得最大的利益。

某公司欲引進一條速食麵生產線，經董事會商討，派出一組人馬去考察、訂購生產線的業務。

這個小組有巧舌如簧、能言善辯的科爾，他腦子非常靈活，最善於打破陷入僵局的談判；有沉著老練的多勒，他是速食麵生產線方面的專家，他的工作是為生產線的品質把關；還有一位是律師，名叫羅格，他是一個思考縝密的人，能夠很仔細地預防和列出將要發生的一些糾紛、意外，把風險降到最低，因此最大限度地保證我方的利益。

米蘭有三家生產線製造商，經過一番暗地考察與對比，他們的意見都傾向於位於米蘭西部的那家製造商。在科爾看來，這樣的公司都積攢了雄厚實力，有強大的固定資產，而越是這樣的公司，在價格方面議價的空間就越大。在多勒看來，這樣的公司成立得很早，一定克服過很多技術方面的難題。而技術從某些角度來說，是有壟斷性的，如果買的東西空有一副閃亮的外殼，運轉起來卻漏洞百出，那無異於一堆廢鐵。在律師看來，這樣的公司之所以能夠長期在商戰中屹立不倒，一定跟良好的商業信譽有著密不可分的關係，而這一點會讓買賣雙方，在以後諸多事宜交涉中省去很多不必要的麻煩。

果然事情正如他們所料，這家公司是米蘭三家生產線報價中最低的一家，談判在融洽的氣氛中進行，最後圓滿地簽訂了協定。

談判教戰指南

常見的談判代表團隊，往往由以下五種角色組成：首席代表、黑臉、白臉、強硬派、清道夫，當然角色不同，發揮的作用也不同。談判代表團中，一個人可以擔任兩個角色，也可以多人擔任同一角色，這要根據談判的實際情況而定。

首席談判代表是談判的組織者，主要負責談判的組織和各種資源的調度，指揮談判，安排協調談判代表團其他人員，協調配合，盡職盡責，充分發揮每個角色的作用。

首席談判代表，不一定是談判代表團職位最高的，但一定是有豐富的談判經驗，具有組織能力、較高業務水準和領導力的人來擔當。根據談判進展需要，召集其他相關人員加入談判，裁決談判相關業務，計畫談判進程，達成談判結果等事宜。

白臉和黑臉是談判中的角色搭檔，白臉表面上要當老好人、和事佬；為此，白臉應該由雙方大多數人都認可的、威望較高的人來擔當。好處是能讓對方產生充分的信任感，給對方安全感，放鬆警惕，輕鬆進行談判。

在雙方意見分歧，談判陷入僵局，進行不下去時，白臉充當和事佬，就對方提出的觀點、要求和條件表示理解，緩衝氣氛。同時向對方做出讓步，這種讓步當然是一種建議性的，決定權在首席談判代表手裡。

黑臉的角色定位就是向對方施加壓力，為談判設置障礙。其目的就是在談判進行比較激烈或對方過於強勢，己方無法抵擋時，終止或暫停談判，以此來削弱對方的氣勢，引誘對方暴露缺點和不足，扭轉談判劣勢地位，把談判引向對己方有利的軌道。

強硬派和清道夫，也是兩個以對立形象出現的角色。強硬派顧名思義就是態度強硬，其目的就是採用拖延戰術阻撓談判進程，以增加談判籌碼；清道夫的目的是緩衝強硬派製造的僵局，把談判重新拉回順暢的軌道。

強硬派和清道夫都有使談判的討論不能偏離主題的任務，時刻保持談判始終圍繞中心議題進行。

一句話學談判

面對「黑臉」和「白臉」，只選擇和扮白臉的人談。你可以說：「我知道你們的意圖，從現在開始，不管他（黑臉）說什麼，我都會認定那也是你的意思。」

5 談判也需要「藝術氣質」——把你的金表裝進我的皮箱

談判是一種人際溝通，目的是達成雙方的合作。為此，參與談判的團隊人員，應該盡量選擇有涵養、沉著冷靜、風度儒雅、略帶藝術氣質的人員，保持談判隊伍的激情和活力。

無論買方還是賣方，大家都希望談判在輕鬆愉快的氣氛中進行，所以在談判中講究一點語言藝術，不僅很容易打破僵局，而且還會帶來意外的收穫。

一個猶太商人向一家瑞士鐘表製造商訂購了五百支金表，合約中規定：猶太人先向瑞士方面預付十萬美元作為訂金，瑞士方須在一個月之內交貨，否則要罰二十萬美元違約金。

當瑞士鐘表商如期交貨時，猶太商人卻說：「我要的是金表，可是你們的表只是有一副鍍金的外殼，零件卻不是金的。這違反了我們當初的合約，如果你們不及時給我換掉，我就要控告你們詐欺。」

猶太商人的態度讓瑞士的談判方代表勞力大吃一驚，因為他們並沒有什麼過錯，是猶太商人在雞蛋裡挑骨頭。這時瑞士鐘表商並沒有發火，而是從容不迫地拿出了自己的一個皮箱問道：「這是什麼？你知道嗎？」

「這不就是一只皮箱嗎？我怎麼不認識？我不明白你說這個幹什麼？他跟我的問題有什麼關係嗎？」猶太人很不耐煩，他以為勞力故意在躲避自己的話題。

「對，這是一只皮箱，大家也都不否認吧？可是它的內層呢？是使用了木質的夾層。可是並沒有人懷疑或不認為它是皮箱。」瑞士鐘表商說話時，帶著自信的微笑。

猶太人只好按照合約的協議，繳上所有貨款，帶著自己的五百只金表尷尬地離開了瑞士。

談判教戰指南

談判人員的藝術氣質，首先能給對方留下好感，給對方留下有涵養、可信任的印象。其次，在交流溝通的過程中，能夠活躍氣氛，增強談判現場關係的融洽，使本方人員更有親和力，不至於使談判氣氛沉悶死板，陷入尷尬。

有藝術氣質的人，在談判這種社交場合，能夠表現出活躍和風趣的特點，是雙方溝通的調節劑和潤滑劑，不可或缺。有些時候，談判進展緩慢，談判人員可能會情緒低落，焦急煩躁。這時，需要有藝術氣質的人，通過合適的方式，調整大家的情緒，振奮大家的精神，給大家帶來活力和激情，讓大家穩定情緒，鼓起信心。

除了談判桌上的溝通，雙方私下的交流也必不可少。例如宴會或者舞會，這種交流中，有藝術氣質的人正好發揮自己的所長，長袖善舞，多情善賈。與對方進行更好的交流溝通，展示丰采，活躍氣氛，增進感情，培養信任，建立信心，更好地推進談判向有利的方向發展。

藝術氣質人員的感情充沛和激情，很容易感染雙方參與談判的工作人員，使大家保持足夠的工作熱情，激發出談判的積極性。從而使談判在輕鬆、友好的氣氛下進行，提高談判工作的效率，促進談判早日達成。

當然，一個談判團隊，也不需要人人都有如是氣質。作為一種調劑，有藝術氣質的人，在談判中主要起輔助作用，是對談判策略的一種補充。有藝術氣質的人，在談判現場並非一定要有藝術表現，不能太張揚、不能喧賓奪主，在關鍵時刻更不能沖淡談判主題。

對待談判中出現的問題不能過於敏感、不能情緒化、不能因為情緒的波動影響談判效果，要把握有度，適時表現，點到為止，恰到好處。

一句話學談判

與人發生不愉快時，要就事論事，不要把事情扯遠了。

6 不妨來些性格反差——理髮師的智慧

談判人員的組合不妨進行多種性格搭配，有的嚴肅沉穩、有的熱情奔放、有的幽默風趣。這些不同性格的人扮演不同的角色，擔當不同的責任，進可攻、退可守，反而有利於談判的順利進行。

談判中需要給自己增強一點自信，往往自信的開始就預示著談判成功了一半。賽爾是一個很幽默的理髮師，他的手藝並不怎麼好，但是他很會為自己打圓場，所以他的顧客總是絡繹不絕。

有一次，一位中年人來他店裡理髮。中年人一般都忙於事業，沒有多餘的時間浪費在理髮上，因此，這個顧客選擇理比較短一些的平頭。可是賽爾理平頭的手藝卻不怎麼樣，他一邊為這個顧客理髮，一邊盤算給這個顧客理完髮後，該怎麼應對顧客不滿意的情緒。

果然，這位顧客對自己的頭髮不太滿意，他說：「這好像有些長吧？」

「長嗎？可是我覺得你的臉形是最適合留這種髮型的，你應該試著改變一下形象，而這種髮型看上去更有個性，又帶點飄逸，讓你的性格顯得不那麼倔強。」

那個顧客一聽賽爾說得很有道理，就很愉快地接受了自己的新髮型，高興地付錢回家。

還有一次，一個人來理髮，說好只是修修邊角，可是賽爾卻失了手，竟把客人頭髮理得很短。完事以後，那個顧客心裡很厭煩，臉上流露出極為不滿的情緒，他生氣地說：「這頭髮太短了，讓我怎麼出去見人？」

如果讓這位顧客帶著不滿離開理髮店，出去一宣揚，對自己的生意一定不利。所以，賽爾趕緊又為自己打圓場，他說：「短嗎？你看很多公司的業務主管都是留很短的平頭，既精神又幹練。頭髮長了反而給人很憔悴的感覺，你說呢？」

賽爾的一席話讓剛才還懊惱的顧客，瞬間轉憂為喜。他越看自己越有精神，臨出門時，還跟賽爾熱情的告別。

談判教戰指南

談判人員的性格反差，主要在談判中的不同角色表現上。大型的談判都需要一個各種成員組成的談判團隊，每個成員都擔負不同的角色、完成不同的任務，為此，可以依照不同的性格，選擇不同的人員。

就像《西遊記》中的唐僧團隊一樣，首席談判代表要像唐僧那樣沉著冷靜，總攬大局，提綱挈領，掌握方向，控制進程。

要有孫悟空那樣充滿激情，嚴肅認真，一絲不苟，對工作始終保持旺盛的精力和昂揚鬥志的員工。這樣的人員擔任黑臉角色，在對方提出無理和過分要求的時候，嚴詞拒絕，並表示出憤怒和不平。

同樣不能少了豬八戒式的白臉角色，最好性格活潑開朗，風趣幽默，善於言談，說話和氣，為人和善。在談判氣氛沉悶的時候，調節氣氛，放鬆大家繃緊的神經；在談判陷入僵局的時候，可以建議雙方做出適當的讓步，給雙方提供合適的台階，緩衝氣氛，留出下次談判的機會。

還要有沙僧式勤懇工作的技術人員，這樣的角色一般選擇性格穩重、勤勤懇懇、任勞任怨、從不挑揀工作的人員擔任。

不同性格的人員搭配組合，容易形成性格的反差，有利於談判溝通的性格互補，既不會令談判教條僵硬，死氣沉沉，又不會讓談判過於隨意和毫無章法。

追求一種既嚴肅又活潑的效果，使談判條理清晰，穩紮穩打，合理有序，又靈活機動，簡潔高效，充分發揮出各個角色的作用。

不管什麼性格的人員，都要有較高的修養，端莊大方，不能魯莽粗俗，行為放蕩，也不能過於死板僵化，剛愎自用，更不能神經兮兮，思維混亂，胡言亂語。

一句話學談判

在談判中，以「善意」讓步來換取對方的好感不可取。這樣一來，對方很可能會認為你軟弱可欺，反而會寸步不讓，甚至得寸進尺，讓你做出更大的讓步。

7 留下好感，留下希望——上帝派我來幫你

促使談判成功的因素很多，其中禮儀在談判中占有十分重要的位置，直接或間接影響談判結果。

某公司新推出了一款老年保健儀器，甲和乙是公司的產品推銷員，他們各自為公司推銷老人按摩器。幾個月下來，甲有些筋疲力盡，他不僅抱怨現在的新產品難賣，還質疑公司的這款新產品，在當初生產時，就是決策上的失誤。有人問他是怎麼知道現在的老年人不捨得花錢？他說：「我其實很用心，經常去公園和廣場，那裡有很多練太極、聽戲和下棋的老人。我向他們介紹這款保健儀器，起初他們很感興趣，都圍上來聽我介紹產品功效。可是一說到價格，都沒有了購買欲望，開始對我的產品挑毛病了。說到底，真正願意掏錢買的寥寥無幾。」

與甲不同，乙的業績卻逐漸上升，並且一直電話不斷，這到底是為什麼呢？

原來乙有一個跟父母住在一起的朋友。一次，他去朋友家做客，正與朋友飲酒時，恰好

朋友家裡水管壞了，把朋友的父親急壞了，這時乙就說：「我來試試吧！」他讓朋友找來鉗子和扳手，又找來一卷膠帶，纏在管子上，很快就將管子給修好了。

乙的行為贏得老人的好感，在攀談中，他們聊到了老年的養生之道，還說起保健、按摩的穴位。乙說得頭頭是道，老人說自己按摩不方便，乙就推薦了自己公司的保健按摩產品。

由於乙的一系列表現讓老人對他充滿信任，老人欣然買了一台。當然效果很不錯。後來，為了幫助乙促成更多交易，還向自己的一些老朋友推薦這款保健儀器。

乙不僅在朋友家如此，他對熟悉或不熟悉的人往來，都能夠做到以誠相待，用自己出色的品格贏得廣泛的讚譽，同時也為自己創造業績。

談判教戰指南

初次見面，談判雙方都會彼此留下第一印象。如何給對方留下好感，有時會對談判能否進行下去產生一定影響。所以，要很好地開展談判活動，就必須掌握一些見面的禮儀，不能鬧出笑話，壞了自己形象。

談判中的見面禮儀，一般指介紹禮儀與握手禮儀兩種。雙方見面，彼此相互介紹不可避免。首先由談判代表，向對方一一介紹己方代表團的成員，女士優先，職位高的優先。稱呼為女士、小姐、先生，禁用職務和職業作為稱呼，例如：總裁、老闆、老師等；也不要用地域性獨特的稱呼，如同志等，以免引起不必要的誤會。

握手是國際上通用的見面禮節，各國風俗習慣不同，握手方式也存在著差異：中國人性格含蓄，握手一般也是握到為止，不會用力或者過重；歐美人則不同，他們喜歡用力握對方的手，太輕會被認為軟弱和沒有信心，所以用重重握手來傳達自信與爭取對方的信任。握手的時間，國際上一般通用的標準以三秒為宜。如果談判意義重大，談判成功後，握手時間可略微加長。

初次見面，言談舉止一定要做到恰當禮貌，彬彬有禮，恭敬謙虛。需要明確的話語要明白無誤，要講究藝術，語言幽默風趣，但不能粗俗，尤其不能唐突行事，無意中說出侮辱人格的話來。

行為舉止上也要注意目光、表情、手勢、身體等各種動作要落落大方，不可局促不安，抓耳撓腮，輕佻草率。初次見面就要贏得對方好感，談判才能順利進行下去。

一句話學談判

不管對方的態度如何，都不能讓其影響你所追求的結果。要記住，你的任務是談判，並沒有糾正其惡行的義務。

CHAPTER 3

做好談判的心理準備

通常真正坐上談判桌後，你和對方想要得到的東西都一樣，最後絕對不會有什麼神奇的雙贏解決方案。如果你的心理素質不夠強悍，表現出退卻的神色，就等於是在告訴對方，他們有可能得逞。

1 慎重對待可有可無的談判——買房的技巧

所謂可有可無的談判，主要是這些談判並非企業當前必須要進行的談判。

一天，喬治探望父親，向父親提起一件事，原來他看中了一間二手屋。當時喬治剛出社會不久，手裡沒有多餘的錢買房子，屋主要價三十萬美元，喬治總想盡可能地把價格再壓低一下。他來跟父親商量時，父親說：「如果你真看中了這間房子，就不能流露出你特別想買的意思，那樣一來，屋主會咬住價格不放的。」

喬治覺得父親說的話有些道理，就想試一試是否還有降價的空間。

他找到屋主說：「這棟房子要出售嗎？」

「是的，先生，我女兒在日本定居，我要去那裡照顧她，準備把這個房子賣掉。」房主說。

「我是從報上二手屋廣告欄裡看到的，恰好我今天路過這裡，就來看看。」

「先生，您打算買房子嗎？」屋主問道。

「是這樣的，我的一個朋友託我為他選購一間房子，至於最終的決定權，我說了不算。」

「你可以轉告你的朋友，我這棟房子很新，裡面水、電、暖氣齊全，並且離市區很近，上班、購物都很方便。」屋主很認真地介紹房子的情況。

「你的房子要賣多少錢呢？」喬治問。

「一口價，三十萬美元。」屋主說道。

「那恐怕不行，我的朋友剛出社會不久，出不起這個價錢。」喬治說著，便裝作一副不想買的樣子。

「是這樣啊，不過價錢不是問題，我們可以再商量。你要不要為你的朋友打個電話問問呢？」屋主看來有心想留住這個買家。

「好吧。」喬治一邊說著一邊躲到角落裡裝作打電話，回來後，他跟屋主說：「我的朋友只願意出二十三萬美元，他說他已經看好另外一處房子，價錢是二十萬美元，只是位置稍遠一點。如果你的房子二十三萬美元能賣的話，就考慮買你這間。」屋主想了想說：「二十三萬太少了，我從來沒有想過我的房子要賣二十三萬。如果你的朋友肯出二十五萬，我就同意賣給他。」

「那好吧，我再跟他說一下，下午就給你答覆。」

最後的結果是：喬治以二十三萬美元買下了這間房子。

談判教戰指南

有些談判看起來可有可無，這樣的談判，有時往往不能夠引起足夠的重視，因此使談判草草進行，為企業帶來一些不必要的隱患。對待這樣的談判，重在判斷談判對企業經營發展的潛在作用和影響，要綜合考慮，不能輕易對待，隨便簽訂協議，以防談判陷阱。

由於這一類談判，並非直接關係到企業目前的生存發展。有些企業會在談判中輕易做出承諾；有的誇大其詞，任意吹噓自己的實力和產品性能，導致客戶期望值過高；有的是任意估算財務預報，任意設定可有可無的兌現期限，導致與客戶發生糾紛；還有的企業，出於面子或其他社會關係考慮，與談判對方簽訂一些可有可無的協定合約，並非企業所需，但也只好硬著頭皮執行，給企業帶來不必要的負擔和損失。

對待一些並非企業生產經營所必須可有可無的談判，一定要慎重對待：能不參加的就不參加；能不達成結果的就不達成結果；實在推拖不了的談判，就要仔細研究、認真分析，既考慮到當前的利益，又要結合企業長遠發展需求，使談判結果的執行不影響企業的整體發展。

對於那些實在無法執行的合約，要及時與對方溝通，採取合理的方式，及早解除，以免造成不必要的糾紛與麻煩。

一句話學談判

換個角度看，主事人離談判現場越遠，越不容易受現場氣氛影響，越便於說「不」。

2 勢在必行的談判細斟酌——滴水不漏的密封膠圈

勢在必行的談判，是指那些企業生產經營中所亟需經過談判解決的問題。這樣的談判其重要性不言而喻，由於時間緊迫，要求談判速戰速決，立竿見影。

安德烈在德國柏林工業大學主修過幾年績效管理、商業營運與談判。畢業以後，進入德國一家汽車公司做採購業務員，負責為公司進購汽車必需的密封產品。不過在很短的時間內，就因完成了幾次很出色的採購，而被提升為業務主管。

一位日商的行銷人員渡邊建找到了安德烈，希望能與安德烈長期合作。渡邊建告訴安德烈說：「我們公司一直是生產密封產品，主要是給汽車做密封圈，而且我們一直以來，都是給幾家比較知名的汽車製造商供貨，因此把品質看得很重，請你放心。」

按照國際通用匯率，渡邊建給安德烈的報價是一千零五十美元一套密封產品。而對於一千零五十美元這個價格，安德烈不能接受。他知道，加上員工薪水與利潤，他們一套產品的價格在一千零四十美元左右，而外購的價格不能高於一千美元，這樣在一千零四十美元與一千美元之間，就可以保證公司的利潤。如果外購的價格過高，不僅公司將沒有利潤可賺，而且還會賠錢。

於是安德烈就價格與渡邊建展開討論。首先，他先將價格壓到九百七十美元。對於這個價格渡邊建斷然不肯接受，這是安德烈意料之中的。

不過，接下來安德烈告訴渡邊建說：「同樣是做生意，我們也要照顧自己的利潤，沒有人願意做賠錢的生意，所以還請你們再考慮一下這個價格。」

渡邊建此時開口說：「我們也是有誠意的，要不這樣吧，我們把一套密封的價格降到一千零二十美元。」

這時，安德烈起身出去給自己的公司總裁打了個電話，很快，總裁就來到了會議室，渡邊建叫苦不迭地對總裁說：「你的這個主管太會殺價了，我們所給的價格已經到了承受的底線。總裁說：有一句話叫做薄利多銷，基於我們所要的數量，我們所給的價格並不低，就按九百七十美元來說，安德烈在別的公司完全可以買到。」

「那不行，我們也得考慮我們的成本與利潤，太低了，我們也難以接受啊！」渡邊建很難再讓步了！

「要不這樣，我們雙方把價格折衷一下，就按九百九十五美元可以吧！我再給你找一家公司，你可以找他們進口原材料，很便宜的，這樣一來你降低了成本，一樣有利潤可賺。」

渡邊建很無奈地點了點頭說：「好吧！」

畢竟安德烈的訂貨量很多，他不願意失去這筆買賣。

談判教戰指南

越是勢在必行、迫在眉睫的談判，越要沉得住氣，仔細斟酌，冷靜對待。欲速則不達，不能自亂陣腳，讓對方抓住自己急於求成的心理，漫天要價，增加談判的難度。

1. 對待這樣的談判，談判前期的準備工作必須充分，要多選擇幾家談判對象進行比較篩選，貨比三家，確定最有利的兩家做為候選。
2. 要全面了解對方的情況，摸清對方的底細，做好資訊蒐集、整理工作、知己知彼。
3. 選擇談判經驗豐富、沉著冷靜、熟稔業務的談判人員組成精幹的談判團隊。

4. 制定好詳細、周密的談判計畫。對談判中可能出現的問題，制定出解決方案。要沉著、冷靜，牢守自己底線，適當運用合理談判技巧，化被動為主動，關鍵時刻要大膽讓步。

5. 對待勢在必行的談判，在談判手法與技巧運用上，要注重展示氣勢和信心。從心理壓倒對方，以攻為守，聲東擊西，引入多家談判對手，讓對手之間形成良性競爭。

6. 採用各種方式蒐集對方資訊，摸清對方底線，在談判陷入僵持階段，不可露出急躁情緒。

7. 要黑臉、白臉一起唱，採用迂迴包抄策略，在其他方面適當讓步，打破僵局，使談判縱向開展。

8. 由於談判時間緊迫，要求談判人員必須對談判做好充分準備。在談判過程要膽大心細，不能在細節上疏忽，留下隱患，造成談判結果執行的麻煩，增加不必要的困難與障礙。

一句話學談判

談判達成前，專注核心問題，解決關鍵事項，當機立斷，使談判獲得圓滿成功。

3 借勢給自己壯膽——耶魯大學的工程師

借勢是談判中經常使用的招數，目的是為了更好地了解談判項目的行業特點、市場局勢、專業知識和產品可信度，增強本方自信心，促使談判順利達成。

有一家位於匈牙利西部的汽車公司，在這一天，迎來了幾位來自紐約的客戶。這批客戶此行的目的，是為自己剛組建的汽車出租公司採購三百輛小型轎車，要求採購的汽車需要物美而且價廉。為了合作成功，公司派傑克帶領幾個業務精英與紐約方面進行談判。

尼克斯帶著採購團一行人，沿著蜿蜒的山路行進了將近一個小時，才抵達這家汽車公司。迎接他們的是以傑克為首的談判組成員，旅途的勞累讓尼克斯等人有些筋疲力盡。他們到達公司時，天色已晚，為了讓大家都有良好的精神狀態，傑克建議他們先入住公司內部的賓館休息，所有的事情等第二天再說。

第二天早上八點，傑克派人準時把紐約的客戶接到公司五樓會議室，談判正式拉開序幕。首先，傑克代表汽車製造商，向尼克斯一行人介紹談判組的成員，包括設計師和法律顧問等，然後尼克斯向傑克介紹己方人員。他們初步交涉了簡單的合作意向以後，談判就在一片和諧的氣氛中開始。

尼克斯也很高興地說道：「是這樣，貴公司的幾款車型我們很滿意，不過，就是品質我們不太了解，還有一個就是價格，至於最後是否可以成交，就看你們的誠意了。」尼克斯一腳把球踢給傑克。

「我們有足夠的誠意，你們既然要買車，相信你們對很多汽車價格和品質做過對比。不用我說，你們心裡也有數，我們公司的汽車價位相對來說應該是很低的了。如果說到品質，我請大家看一樣東西。」說著，傑克從皮包裡拿出一份產品介紹，翻開第一頁，是公司的簡介，他說：「公司始建於一九一八年，一直以汽車製造為主，近百年的時間裡，為了使我們的產品能夠以最完美的形象打入國際市場，我們一直在不斷地彌補缺陷，也一直在不斷地研發新的產品，我們的產品品質在國際上是領先的。」說著，傑克把文件發給在座的每一位，尼克斯一行人邊看邊頻頻點頭。

「可是，你用什麼來證明你們汽車的技術品質是領先國際的呢？」尼克斯半信半疑地問道。

「這個嘛，你們把文件翻到第三頁，那裡有一張照片，是我們部分參與研究開發的工程師合影，別小看這些人，他們個個都是我們公司的寶貝。」傑克很自豪地說。

「哦，哪個公司沒有工程師呢？說說看，你們的研發人員為什麼會被稱作寶貝？」

「我們公司一直最注重產品的品質問題，把品質視為公司的命根子。特別是近幾年，我們在新技術改造和品質方面投入了大量的資金。這張照片就是最好的說明，這一百多人是我們花重金聘請的高級工程師。他們大多出自名校，擁有汽車行業最先進的技術，是我們的汽車能夠打入國際市場的強有力後盾。」傑克的表情充滿了自信和自豪。

「好，我們最注重的就是品質，你的話打消了我很多顧慮，相信我們會合作成功的。」

尼克斯接下來跟自己人做了一個簡單的商量以後，爽快地與傑克的公司簽訂了一個協定。最後，雙方都舉起勝利的酒杯，談判在一片和諧的氣氛中結束。

談判教戰指南

借勢的方法有很多種：邀請市場諮詢專家，所處行業的技術專家、律師或對對方情況比較了解的相關人士等做為顧問，幫助己方制定談判策略和計畫，參與談判過程，就能有參謀作用。

運用借勢策略要把握好幾點原則：

1. 所借之勢，要實至名歸，選擇的專家學者和權威人士要有真才實學，德高望重，有一定的威信和說服力，無論其行業地位和社會影響，都要名符其實。不能誇張吹嘘，自吹自擂，讓對方產生弄虛作假、虛張聲勢、華而不實、缺乏誠信的感覺，因此對己方失去信任。

2. 所借之勢，必須是與談判內容相關的人士，或者是熟悉本行業技術、市場、法律的專家，或是與雙方關係都融洽的權威人士。不能拉來那些八竿子打不著的人員湊數，那樣不僅容易讓對方產生輕視的心理，小看己方，還會因為對談判業務內容不熟悉，造成己方人員的心虛和混亂。

3. 所借之勢，在關鍵時刻要發揮顧問的作用，能夠及時對談判中出現的問題給予指導，對己方提供足夠的專業支援和幫助。

4. 如果所借之勢是連接談判雙方的權威人士，就要在雙方之間架起溝通的橋梁，為雙方利益著想、為雙方找到合適的平衡點，促使談判順利進行。權威人士的威信和說服力，能夠促使雙方都做出合適的讓步，做到互利雙贏，達到雙方都滿意的效果。

談判中的借勢策略，不能弄巧成拙。專家和權威人士的參與，不能喧賓奪主，也不能弄虛作假欺瞞對方，更不能揚此抑彼，打壓一方，造成一方感覺吃虧上當，失去長期合作的可能；讓己方蒙受重大損失，失去長久利益。

一句話學談判

人們常常把談判開始時，對對方的形象的判斷，等同於對方力量強弱的象徵，但「道具」並不能證明對方就一定比你更有實力。

4 把壓力化成美景——柳暗花明又一村

談判總是以某種利益的滿足為目標，是建立在人們需要的基礎上，這是人們進行談判的動機，也是談判產生的原因。

有的時候，拒絕暗藏機會；有的時候，壓力可化為美景。艾特森剛開始做推銷時，常常吃閉門羹，為此他經常一籌莫展，看到同事每天都喜笑顏開的，壓力就越來越大，甚至不敢跟同事提及銷售業績方面的話題。

一次，朋友邀請他一起參加一個週末聚會。席間，艾特森為了消解心中的壓抑，就多喝了幾杯酒，他跟朋友說：「為什麼？為什麼你們的業績都那麼好？為什麼我就不行？我們賣的是同樣產品，誰告訴我這裡面到底有什麼祕密？」艾特森十分苦惱地向大家說出了自己的心事。

「哦，說說看，你是怎麼做推銷的？」一個叫多力的朋友很關心地問他。

「我能怎麼做？我每次敲開人家的門，對人家說，請問先生或者女士，你們要不要買全自動豆漿機？人家就一句話，不要。我就不知道該怎麼辦了，就不再說什麼了。」艾特森懊惱地說道。

「原來是這樣啊，可是你為什麼不再多問一句？為什麼不問他們不買的原因？有時，也許多說一句話，就可以打開局面，你想想我說的話有沒有道理？如果下次再遇到這種情況，你就多問一句，反正也花不上多少力氣。」這話艾特森聽了進去。

於是第二天，他就帶著全新的狀態推銷全自動豆漿機。當他敲門時，出來開門的是一位老太太，她詢問說：「小夥子，你有什麼事情嗎？」

「是這樣，老人家，我是推銷全自動豆漿機的，不知道您是否感興趣？」艾特森很有禮貌地回答老人的問話。

「豆漿機，我們暫時不打算買，你還是去別處問問吧。」老人很抱歉地跟艾特森說道。

「您先別急著拒絕好嗎？您為什麼不想買豆漿機呢？」艾特森問。

這位老人很慈祥，她把艾特森讓進屋裡，告訴他說：「不是我不想買，而是先前買過一台，總是出毛病，就不敢再用了。」

「您的豆漿機出什麼毛病？我看看。」艾特森讓老人拿出來原來的那台豆漿機，他看到線路接觸不良，導致豆漿機運作起來時好時壞，他對老人說：「這倒不是什麼大毛病，我拿回去為您修理一下就好。」

很快地，艾特森就為老人修好了豆漿機。當他第二天送來豆漿機時，老人告訴他說：

「小夥子，真是太感謝你了！」

幾天以後，老人給艾特森打電話，說要為自己的兒子也買一台豆漿機。從那以後，艾特森消除了心理障礙，也打開了自己的銷售管道。

談判教戰指南

每次談判都會有很多壓力，這些壓力可能來自各方面，也可能是單方面自己的問題。例如，實力上的差距，資訊匱乏，對對方情況了解很少，摸不清對方底細，缺乏談判經驗，談判中處於劣勢，沒有主動權，對前景缺乏信心，感到渺茫等，這些都會形成巨大的心理壓力。如何克服這些壓力，化壓力為動力，是能否贏得談判成功的重要因素。

把談判的壓力化成成功的動力，應該這麼做：

1. 要做好談判的前期準備工作，要對己方所處的行業市場有全面、深入的了解。了解清楚本業的發展趨勢、市場狀況、涉及談判內容的產品相關資訊，例如價格、品質、規格包裝等。

2. 選對談判對象，詳細了解對方的情況，包括企業規模、發展前景、管理模式、經營狀況、市場分布、資本實力、信譽度、社會影響力等；了解對方的談判人員性格，談判風格特色；了解對方對談判的期望值和目標、談判的底線和殺手鐧，資訊了解越詳細，越有利樹立自己的信心。

3. 選擇有談判經驗的人員做為小組成員，為自己壯膽，也可以商請一些相關的專家，或權威人士參與自己的陣容，增強自己的氣勢。

4. 把握好自己的強項和優勢，整理好相關的資料，向對方充分展示，資料要翔實、正規，條理清晰，說服力和感染力要強，最好圖文並茂，豐富多采。

5. 向有談判經驗的人士或者專家，諮詢、學習一些有關談判的知識和技巧，熟練掌握談判的要領。

6. 在談判過程中沉著冷靜，不可盲動，多聽多問，不要輕易亮出自己的底線。慢慢爭取談判的主動權，化解緊張情緒，消除壓力，爭取最好的談判效果。

有壓力，心情就會緊張。消除緊張情緒，放鬆身心，也是談判中需要解決的問題。化壓力為動力，用輕鬆的心情參與談判，只有如此，才能應付自如，取得理想的談判效果。

一句話學談判

在談判中要慎用威脅，在大多數情況下，威脅都難以招來對方的讓步，反而更容易帶來報復，使談判陷入僵局。

5 不平等時莫托大——明修棧道，暗渡陳倉

實力的不平等，不等於結果的不平等。為謀求合理共贏的談判結果，對於占盡優勢的談判，也應該做好應付各種挑戰的準備。

有時候在自己手裡握有的優勢，在別人那裡卻未必是。

日本一家鐘表商小野藤田，最近打算從瑞士進購一批高檔手表，而瑞士的這家鐘表製造商的副總裁非常自負，他一直認為自己有著相當的實力，鐘表根本不愁賣。小野藤田原本打算從瑞士訂購一千五百對新款情侶表，可是算下來，需要一大筆錢，他想了想說：「你們對客戶有什麼優惠條款嗎？我們可不可以再商討一下價格？」

「優惠的條款是沒有，如果你覺得價格合適就成交，不合適我們就說再見。我每天都要接待數不清的客戶，哪有什麼時間在這裡談價錢呢？」副總裁的態度非常生硬。說實話，他每天都會接到大批訂單，基本上，不會在這種小單子上浪費時間。

小野藤田想，如果接受這個價格，是很難賺到錢的，自己畢竟是個小店。基於店面的原

因，價格太高很難有顧客問津。可是要想成就這樁生意，看來平心靜氣地討論沒有什麼進展，不如自己另想辦法。

經過一夜思考，他終於想出了一個辦法。

第二天，他去附近各個鐘表店轉了一圈，打探了一下這款情侶表的賣價，得知每對情侶表的賣價是八百歐元。為了跟鐘表店老闆聯絡感情，他扮做客戶買了一款情侶表，然後跟老闆攀談起來。老闆很熱心地為他介紹自己的生意，他說現在的情侶表很好賣，只是進價太高，盈利的空間很小。小野藤田問他：「你每月能賣出去多少對？」

「不一定，好的時候可以賣幾百對，比如情人節、耶誕節前後，都是好日子。」店老闆對小野藤田說。

「這樣吧，其實我也是賣鐘表的，這次來就是為了訂購一批情侶表，卻因為價格的原因沒有談成。」小野藤田此時靈機一動，他覺得眼前的這個老闆或許可以幫自己一把。

「你最近要準備進一批情侶表嗎？」

「是的，我正在籌備資金，因為情人節快到了，或許可以賺一筆。」看樣子鐘表店老闆有這個打算。

第二天，鐘表製造商的副總裁接到了一通電話，同樣聲稱自己是來自日本的客戶，準備訂購一萬對情侶表。副總裁心裡很高興，他覺得這才是自己要認真面對的客戶，關於價格和其他的一些問題，他在電話裡要求跟小野面談，而且態度很誠懇。

當副總裁看到小野藤田的時候，才發現自己犯了個錯誤，但是久經商場的他，並沒有表現出差異和尷尬。他問小野為什麼突然增大購貨量？小野說：「沒有辦法，我聯合了幾家鐘表商，我們一起訂貨。」

小野這一招讓副總裁有些措手不及，他給每個人的定價都是有些區別的，這樣一來，大家都聯合在一起殺價，實在是個棘手的問題。可是又不願意得罪這些鐘表商，他只得硬著頭皮把價格往下調了很多。最終，小野以很滿意的價格輕鬆買走了自己想要的產品。

談判教戰指南

有些談判並不平等，占盡優勢的一方，往往會以勢壓人，蠶食對方利益，使談判陷入單贏的境地。對待這樣的談判，己方所處的位置不同，應該採取不同的談判策略。

1. 如果己方實力強於對方，談判中處於優勢地位，對待這樣的談判，萬不可輕敵，因為以少勝多、以弱勝強的談判比比皆是。談判中既不能恃強凌弱，也不能妄自尊大，掉以輕心，以免失去談判的主動，使優勢化為劣勢。

2. 雖然雙方的實力有差異，己方握有談判的優勢，對方處於劣勢地位，越是這樣的談判，越不能馬虎。沒有處於劣勢的對手甘願舉手投降，他們往往會對談判做好充分準備、對己方進行詳細了解、對談判進行周密規畫，有備而來，不可小覷。

3. 在進行這樣的談判前，要能引起自己足夠的重視，正視對手，把劣勢地位的對手當成強敵來對待，認真做好談判的準備工作。談判中更不能輕敵冒進，完善談判措施，掌控談判進程，不給對手留下可鑽的空隙和可乘的機會。

4. 實力的懸殊可能會使談判不平等，除了防止對方鑽漏洞以外，還應盡量把談判推向雙贏的方向。適當地向對方讓步，給予對方合理的利益空間，自己就會更加主動、更有利於長期的合作、謀求更長久的利益。以這樣寬廣的胸懷對待談判，必會令對方心悅誠服，以誠相待，傾心合作，整合資源，共同創造價值，攜手共進，共同發展。

首先，態度上不能輕視對手，要努力了解對方的底細、了解對方參與談判的真實意圖、要實現的目標，有針對性地制定談判計畫，對談判工作進行周密部署，嚴陣以待，給對方足夠的震懾。

其次，談判中要平和待人，嚴守機密，不能輕易將己方的底細透露給對方。對於對方的談判策略要採取對策，以誠相待，給予對方足夠的利益空間，使談判始終掌控在自己手中，既不讓對方感到吃虧，也不要使己方蒙受不必要的損失。

一句話學談判

無論何時何地與何人談判，只要對談判有絲毫懷疑，都要說「不」。

6 說服對手之前要先說服自己——浪漫的葡萄酒

要在談判中說服對方，就要有說服力。自己的說服力如何，首先要能說服自己，如果連自己都無法說服，對方就更不可能信服了。想取得談判的成功，就變成了一句空話。

有一句話叫做：推銷之前先推銷自己。自己的一言一行，能否給人留下一個良好的印象，是成功的關鍵。而且在推銷自己的商品時，不管別人怎麼看待，首先自己要相信產品是獨一無二的，接下來，再把它推銷給每一位客戶，才是最後的成功。

有一位推銷員叫愛普森，個子很矮，皮膚黝黑，不管如何打扮，看上去都不是一個帥氣、出色的人物。可他卻在推銷這條路上走了二十年，每一次出差回來，都有說不完的話。他說這世界上什麼人都有，什麼情況都可能發生，自己一開始還很緊張，時間一長，慢慢地就覺得其實做推銷很有意思。

說起推銷的經歷，愛普森滔滔不絕。有一次，他去推銷葡萄酒，當時在義大利的一個小鎮上，幾家大型超市的老闆並不認可他的產品，他們說：「如果你能夠當場賣掉一部分葡萄酒，我們就考慮訂購你的產品。」

為了給自己的葡萄酒打開銷路，愛普森租了一個場地，還聘請當地的幾位小姐和小夥子為自己捧場。有漂亮的女生和帥哥在這裡，攤位前，很快就聚集了一大群人。愛普森在面前的桌子上，擺放了自己準備好的幾個高腳雞尾酒杯，開始了表演——首先，他向大家介紹自己的來意：「我來自澳洲，大家都知道，澳洲盛產葡萄酒，而以彼得葡萄酒最為出色，為什麼呢？因為它獨特的氣候與地理環境，使此地的葡萄酒成為世界上最具特色的產品，在葡萄酒市場上也最具競爭力。」

大家被他的高談闊論吸引住了腳步，紛紛駐足聽他演講。他在杯子裡倒上了酒，然後又配上果汁、蛋清、牛奶、咖啡、可可等一些輔助材料，最後又在杯子的邊緣插上檸檬片做為裝飾物。

接著，他端起其中的一個杯子說：「看，這是多麼漂亮的一杯酒啊，經典而又浪漫。當你優雅地端起酒杯時，會立刻覺得自己的身分提高了一個層次，你不想再喋喋不休、不想再怨天尤人。今天，這杯酒端在我手裡，可是就在幾天前，它曾出現在坎城電影節上。大家可想而知，喝酒的都是一些什麼樣的人？」

這時，他事先安排好的一曲浪漫的鋼琴曲，恰到好處地響了起來，彷彿天籟之音飄入人們耳際。在場的很多人都被這氣氛感染，他們其中有的人就走上前去，很自然地端起了酒杯，整個場面好像變成一個喜慶宴會。這時愛普森說：「它今天可以改變你的心情，明天就會改變你的生活，讓你忘掉很多煩惱，然而這不過是一杯葡萄酒而已，而且價格很便宜。」

愛普森的解說太有魅力了，很多人當場表示想買一些葡萄酒帶回家去。這時他很自豪地對超市老闆說：「先生，你看我做的還可以嗎？」

超市老闆也佩服他的口才和推銷能力，欣然地跟愛普森簽訂了幾份訂購合約。

談判教戰指南

商業談判很少一次就談成功，各自的需求不同，對談判的目的、要求也不同，所有的商談溝通，都是雙方互相說服的過程。

怎樣建立起自己的說服力，並能說服自己？談判的前期準備工作非常重要。

1. 要確立自己的優勢，整合自己的資源，樹立自己的良好形象，確立自己談判的王牌，做到胸有成竹，蓄勢待發。

2. 要對自己的產品和專案充滿信心，對產品或專案的發展前景進行準確預測。從理論和實踐兩方面，建立完整的體系，讓對方既能看到眼前的利益，又能看到美好的前景，從觀念認識上說服對方。

3. 要從對方的需求出發，為對方著想，給對方提供足夠的利益空間，讓對方感受到真誠合作的意願，自覺自願地接受談判條件。

4. 為對方提供真實、可靠的資訊資料，讓對方對自己有充分了解，坦誠相待，公開透明，增加彼此的信任度。在談判過程要靈活機動，實事求是，以理服人，尤其雙方要在觀念認識上達成共識。

做好以上幾點，自己的說服力自然而然就會建立起來。

說服力不僅僅表現在談判內容的利益說明上，還表現在企業的經營管理、社會信譽、產品的知名度等諸多方面。要加以綜合利用，多方說服對方，讓對方產生好感與信任。

尤其要讓對方認同己方的經營理念、價值觀和企業文化，立足長遠，充分認識到雙方合作前景和優勢，共同創造未來。不拘泥於小節，該讓步就讓步，該妥協就妥協。只有如此，才能互相信任、才能從長遠的利益訴求上達成共識。這樣的溝通才有說服力、才能說服對方，增加彼此的認同感，產生共同語言，消除心理隔閡，讓對方心悅誠服地與自己合作，完成談判。

一句話學談判

在談判中最好少講大道理，而要指出對方的利益（好處）所在。

CHAPTER 4

握牢談判底牌

談判底牌，是談判的殺手鐧，不到關鍵時刻，絕不能輕易出手。要對談判有絕對把握，並且是九十九度的「熱水」加上這一度，水會沸騰，談判就能成功。這樣的火候，才是亮出底牌的最佳時機，同時，也是開始簽字的成功時刻。

1 談判中的價格博弈戰——流水線上走鋼絲

談判是雙方資訊戰的博弈，誰的保密工作做得好，誰就會贏得談判先機和主動。

艾倫公司打算引進一條服裝自動化裁剪生產線，公司董事會非常注重產品的品質，經過縝密研究，他們打算去英國一家生產線公司實地考察一番。生產線的工作原理都是大同小異，只不過有的公司在細微之處進行了人性化的設計，而有的卻沒有。這倒不是什麼大問題，關鍵是硬體設施要好，不能總出毛病。

談判組成員為首的是吉德拉，他在公司專門從事採購已做了十八年，能夠自如地應對很多大型談判場合。

他們來到英國這家公司時，公司董事會派談判代表湯普遜接待吉德拉一行人。吉德拉久經這樣的談判場合，看來胸有成竹，他仔細傾聽完對方的報價之後說道：「我們在來這裡前，已考察了好幾家自動化生產線公司。從報價上來說，你們是最高的，我不知道你們的優勢在哪裡？」

說完，吉德拉沉默不語，靜靜觀察對方的反應。對方不知吉德拉的話裡到底有幾分真假，既想多賺些錢，又不願意因為高昂的價格而失去這生意。短暫沉默以後，湯普遜開口說話了：「你為什麼只看價格？這條生產線可是我們最新的研究成果，在國際上都是領先。據我所知，沒有第二家公司能做這樣的生產線。它不僅技術含量高，而且在很多細節上都進行了人性化的改造，工作起來更加得心應手，因此提高了工作效率，減輕了壓力，這不也是相對提高效益了嗎？你們只要投入一次，便能換來長久的利潤回報，還有什麼捨不得的？」

「產品品質是一方面，但是你們不能因為品質而漫天要價吧？」吉德拉看出對方想以品質轉移話題，心想，不能讓他們牽著自己的鼻子走。於是，他的態度突然變得散漫起來，彷彿對這生意有些漫不經心。

湯普遜不知道對方心裡想什麼，為了促成這筆生意，他拿出最真誠的態度又給了第二次報價，這次比上次的報價足足低了兩萬美元，現在的報價是一百八十八萬美元，湯普遜說：「我們已經拿出最大的誠意，我們還從來沒有過像這樣的低價。」

吉德拉此時依然一言不發，沉默良久後，說：「你們完全可以給更合適的價格，不是嗎？尊敬的湯普遜先生，你們不希望我離開這裡去跟另外一家公司合作吧？」

看來對方的報價沒有讓他感到滿意，吉德拉這葫蘆裡到底賣什麼藥？其他幾家公司給吉德拉的是什麼價格？湯普遜心裡開始嘀咕起來：「總公司給自己的底價是一百八十二萬美元，給吉德拉的最低價不能低過這個價格。」

湯普遜曾經做成過幾比生意，都是一百八十八萬美元成交，這次看樣子他遇到了談判高手，到底對方掌握自己多少資訊呢？

無奈，他拿了一張紙在上面寫了一百八十五萬，讓身邊的助手交給吉德拉。吉德拉認為，這個價格如果再殺下去，也不會有太大的空間，談判應該適可而止。最後，他們以一百八十五萬美元成交了這生產線的生意。

談判教戰指南

談判保密工作的核心，就是緊緊守住自己的底牌，絕不能輕易就讓對方摸清自己，不能讓對方攻破自己的堡壘與陣地。只有如此，才能將主動權始終握在自己手裡，使談判始終處於自己的掌控之中。

在談判中，要做到這一點其實並不容易，必須保持高度警覺。

談判過程就是一個交流、溝通的過程，也是一個資訊互換的過程，難免就會洩露一些核心的機密問題。如何做到滴水不漏，不讓對方發現蛛絲馬跡，不僅需要談判人員具有一定的定力，還需要採取一些巧妙的方法，避免洩露底牌。

1. 可以採用障眼法，設定一個虛擬的底牌，吸引對方注意。嚴防、死守這個底牌，在談判僵持時，割肉抛出，讓對方感覺到己方已做出巨大犧牲，表達出足夠的誠意，使談判向縱深發展。當對方再次做出讓步，接近雙方的談判平衡點時，關鍵時刻，再次抛出最後的底牌，促使談判一舉成功。

2. 大擺迷魂陣，多向對方提供己方有關的各種資訊，越詳細、越龐雜越好，讓對方目不暇給。處處充滿誠意、處處不觸及底牌，讓對方在接受大量資訊的過程中，忽略對底牌的興趣，把注意力集中在資訊研究上，從而使談判順利開展。

抓牢自己的談判底牌，就要加強談判隊伍的紀律。人人心中綳緊保密的這根弦，盡量做到多聽少說，該說的說、不該說的堅決不說，特別是與對方人員私下感情交流時，更要保持清醒的頭腦，不能洩露自己的底牌。

一句話學談判

要是得不到回報，就絕不可輕言讓步，除非交換！所謂談判，談的就是交換。

2 內部分歧處理好——大家好才是真的好

談判隊伍內部發生認識上分歧，主要是各人所處的位置、所占的角度不同，從而對待相同的問題可能會有不同的看法。

由於公司總部要搬遷，亨利跳槽到了另外一家公司。鑒於他在原公司業務做得很好，為了表示對他的重視，他剛到這個公司，就被老闆聘為對外貿易部主管，並把年薪定為二十萬美元，與生產主管格桑平起平坐。老闆為了公司的和諧發展，還特意舉辦了一個歡迎宴會。在會上，他語重心長地說：「你們兩位就是我的左膀右臂，缺一不可，希望你們今後能精誠合作，公司的發展就全靠你們了。」

可是亨利和格桑卻不像老闆想得那麼簡單，他們都認為自己的能力獨一無二，對老闆也是肝膽相照；而老闆對他們一視同仁的做法，讓他們覺得有傷自尊。

恰好公司準備引進一套麵粉加工設備，公司老闆派兩人去溫斯頓談判，對方的要價是三十五萬美元，可是亨利對這個價格卻並不認可，他說：「你這要價太高，如果你們不考慮降價，我想我們是很難合作成功的。」

可是對方的態度很堅決，他們認為既然亨利二位來到溫斯頓，就有選擇他們產品的理由，不到萬不得已，他們是不會隨意降價的。

「我們從來不說謊，更不漫天要價，這已是最低報價了，我希望你們自己再商量一下。」

而此時在一邊的格桑卻一言不發，好像並不認同亨利的意見。

回到住所，亨利問格桑：「為什麼在談判桌上臉色那麼難看？你對我說的話有什麼意見？」

「當然有了，我主管生產，要的是品質和效益，所以如果是好的設備，即便價錢貴一點也可以考慮。你光顧著討價還價，看起來是為公司節省開支，可是討價還價不耽誤時間嗎？如果因為價錢而失去這次機會，我們還得尋找另外的製造商，那不是更大的損失嗎？」

「好了，我們不是在公司總部，而是在溫斯頓，發脾氣不是解決問題的辦法。這樣吧，我們出去找個酒吧，我希望我們能夠開誠布公地談一回，這樣對你、對我都很公平，對公司老闆也有個交代。公司的利益就是我們的利益，如果我們之間有矛盾，影響了公司利益，那麼，不就是直接影響我們自己的錢袋嗎？」

亨利的話一出口，立刻消解格桑一半的怨氣，他說：「好吧，我們是該好好談談了。」

第二天，他們滿懷信心與溫斯頓方面再次坐在談判桌前，這次氣氛與上次大不一樣，他們二人白臉、黑臉配合得非常好。由於格桑有力地介入，最後談判取得了很理想的結果，他們可以說是滿載而歸。

談判教戰指南

大型談判往往參與的人員很多，需要組成一個談判隊伍。人員多，就不免發生觀點認知上的分歧，如何協調內部人員觀點，統一認識、步調一致，也是談判工作的重要部分。

例如，主管的技術人員，可能就會從技術角度出發，從技術對談判提出自己的觀點和要求。而負責經營管理的人員，往往會站在企業整個經營角度，去看待談判的問題，雙方就可能產生不同觀點。

此外，每個人的性格和作風不同，也有可能產生分歧。產生這些分歧都屬於正常現象，如何處理這些分歧，協調好彼此的觀點，才是工作重點。

處理內部的分歧，其實也不是多麼難的事，重要的是要有嚴格的紀律觀念。內部充分發揚民主，各自拿出真實可靠的事實和依據，充分闡述各自觀點、利弊，綜合權衡，大局為重，求同存異，形成統一的認識和觀點，步調一致，充分發揮談判團隊的力量。

如果分歧雙方不能達成統一的意見，就要有嚴格的組織紀律，不能將意見分歧暴露給對方；更不能各行其事，向對方傳達出不同意見與條件，致使談判陷入混亂和被動局面，被對方所利用。

內部分歧的協調處理，應以談判中心目的為原則，圍繞談判要達成什麼結果，進行各種因素的取捨，有利的，就要堅決吸納；無關大局的，不妨做出妥協和讓步，該捨棄的就要堅決捨棄。

內部的分歧一定要內部消化解決，不能公開討論。要綜合各方意見，列出所有利弊關係，共同研究討論，選出最有利的談判方向，從整體利益出發，做出局部犧牲。一旦形成最後決議，分歧各方必須放棄自己的原有觀點，統一認識，圍繞新的主題，全面開展工作，力爭使談判利益最大化。

一句話學談判

任何事都可以談判，但讓步不是談判，談判是否成功，要看你的利益是否達到最大化。

3 抓牢談判主動權——自己的地盤自己做主

在談判中處於主動地位還是被動地位，往往並不取決於談判方實力的大小。主動是一種優勢、也是一種風險，抓牢主動權，還要使用好主動權，才能化主動為效益，實現談判的根本目的。

維納斯汽車貿易公司多年來一直以汽車銷售為主，這個公司經營的汽車，各類檔次都有，從品質到外觀，價格也一一不等，所以，他們經營的汽車能夠被很多消費層次的客戶認可。

業務員喬恩斯在這個公司工作了近十年，見過形形色色討價還價的顧客。他知道每一位來買車的客戶，表面上雖顯得有些遊移不定，但內心對自己想要的汽車款式與價位，早已有了一個大致的了解，很多的討價還價，只是想從推銷員那裡了解更多的情況。

一天下午，公司來了幾個買車的人，一般這個時候來的客戶都是路途稍微遠一些的，還有一種可能是在別處看過後不滿意的，所以這樣的客戶最容易留住。

這幾個人圍繞著一輛低價位的車在嘀嘀咕咕著，喬恩斯走過去說：「你們好，這款車價位很低，屬大眾化，所以這款車賣得最好。」

「可是低價位的車，它的品質怎麼樣？會不會經常半路熄火呀？」客戶最先問的都是最關心的問題。但是喬恩斯回答起來胸有成竹，從來不避諱客戶的問題。

「你的這個問題問得太好了，很多人都關心，我可以讓你們看看這款車的銷售紀錄。如果它總是出問題，誰還來買呢？再說，我們也不會讓一款品質很差的汽車影響我們的聲譽啊！」

「那他的避震性能怎麼樣？我們那裡山路多，這一點我們不能不考慮。」

「前面不遠處有一段鵝卵石路面，你可以將車開到那裡去試試。」喬恩斯一邊說著一邊指了指前方。

實驗結果不太理想，看樣子這款車極不適應顛簸山路，顧客的表情開始有些失望。此時，喬恩斯不失時機地說：「如果你很注重避震，那麼不如來看看另外這款車，它是專門為一些路面條件很差的山區設計的，特意改進避震方面的一些技術。」

顧客又開著喬恩斯推薦的這款車，跑到鵝卵石路上試了試。從顧客的表情上就看得出來，這次的結果他很滿意：「你說得不錯，這款車的確舒服多了，可是這輛車價錢太貴了，我根本沒打算買這麼貴的車。」「舒服吧！它是參考寶馬的避震設計。我們買車圖的是什麼？不就是圖個舒服？如果你每天坐在車上享受的是顛簸，那錢豈不是白花了？告訴你吧，錢沒有白花，你今天多花上一點錢，將來可以享受很多年。」

客戶覺得喬恩斯說得很有道理，他想，如果執意買原先那輛，那麼無異於是買罪受，想起來就會煩的。不如一次到位，直接買這輛車算了。

經過一番商討，最終，客戶以高出一萬美元的價格，很滿意地買走了喬恩斯推薦的那輛車。

談判教戰指南

無論談判大小，談判雙方都會有主動方和被動方，如何抓牢主動或化被動為主動，也是談判中要認真對待的事。

談判雙方在談判中是一對互相鬥爭又互相依賴的矛盾體，既對立又統一，誰也離不開誰。無論是主動還是被動，都要找到一個結合點、平衡點，最終才能走在一起，實現合作才是談判的目的。

為此，談判雙方的博弈，既是利益的排擠和爭奪，又是利益的妥協和出讓。主動方可能會占據有利的位置，獲得較多利益，但不是說主動方就可以為所欲為，仗勢欺人，強買強賣，給對方造成談判不平等的感覺，因此使談判陷入僵局。

抓牢主動權，更要講究談判的技巧。談判不是雙方實力的直接對比，而是均衡藝術。主動表現把握各種資源，自己的資源能給對方帶來利益，只有如此，主動權才能發揮作用。

主動權可能是資本、可能是市場、可能是技術、可能是產品，也可能是高效的管理；無論哪一點，只有雙方合作才能實現其價值。合作是談判的根本，主動權的運用，要圍繞達成合作展開，以我為主，適當讓步，切實把談判掌控在自己手裡——既不能嚇跑對方，也不能得勢不讓人。只有適當地出讓自己利益，才能換回更大的利益，做到互惠雙贏，以小搏大，使雙方的經營都能得到更快的發展。

主動權的運用，主要表現在幾個方面：

1. 對談判基準把握更主動。

2. 能有效地控制談判進程。

3. 可預測談判結果。

4. 能夠實現談判結果較高的滿意度。

恰當的主動權運用，可以使談判合理、有序地進行，使談判向圓滿的結局發展。

一句話學談判

談判時，面對威脅的面孔，採取軟弱的姿態是最不可取的，必然導致自己節節敗退。

4 藏好你的殺手鐧——商場就是戰場

談判是一場智力和膽略的交鋒，在相同的一個平台上，雙方為了各自利益，就要使出各自的手段。

在一次礦物產品招標會上，甲公司的銷售員，以同類相比最低的報價一舉中標。當這個公司的銷售員帕米爾，事後談起中標經過時，很有成就感地說：「我和另外兩家公司的銷售員一起參加招標會，我們事先商量好盡量不壓低價格。這樣，一來是給自己留下更多的利潤空間，二來還要為將來留下後路，讓大家都有錢賺。」

可是到了招標現場，嚴峻的形勢不像他們想地那麼樂觀。很多參加招標的代表都虎視眈眈，緊閉尊口，嚴防走漏一點消息給競爭者。沒什麼可商量的，該是實力說話的時候了。招標方給每款潛水泵的價錢都不高，但是前去參加招標的銷售員，依然在一點一點地往下壓價，試圖在這個市場上給自己爭取到一杯羹。

帕米爾知道所有型號潛水泵的構造原理，當然也知道它們的成本，而競標的價格在漸漸往下調、漸漸縮短利潤空間，接近成本底線。

會場上的氣氛變得很緊張，大家都在小心維護周旋，試圖為自己營造一個說得過去的利潤空間。當價格降到九點五萬元時，銷售員的利潤基本上就所剩無幾了，再往下壓就會觸及公司利益；而價格太低，回去後，老闆會發火的。

這時，帕米爾喊出了一個令人大為咋舌的價格：「九萬元。」

再沒有人跟他競爭，所有目光都投向他，連跟他同來的兩個人也想不到他會報出如此低的價格。

事後，帕米爾說：「這款潛水泵每個公司都生產，太普遍了，明擺著價格根本抬不上去。我之所以將價格壓這麼低，完全是競爭所迫。商場如戰場，殘酷的現實也是眾所周知的。在這個招標會上，為了爭市場，我可以一分錢不賺，甚至可以賠一點。我的優勢是更大功率的產品，這樣的產品很多小廠家都沒有，那麼，我就可以獨占鰲頭，把失去的利潤給找回來。」

「我不能只顧賺錢的型號，而放棄不賺錢的型號。俗話說，產品越齊全，生意越好做。要想占領市場，就把自己所有的產品都打出去。等競爭不那麼激烈，我再慢慢提出由於原材料價格上漲，或員工要求加薪，而不得不將價格稍微調高一點。」

談判教戰指南

談判雙方都要建立自己的優勢，在心理上處於平等的地位，談判才有可能進行下去。而在具體的談判中，談判技巧的運用往往表現了談判的水準高低。

談判建立在平等互利的基礎上才有可能進行，既要維護雙方利益，又要爭取己方利益最大化，正是出於這樣的目的，談判技巧的運用才能派上用場。

所謂的談判殺手鐧，就是最能征服對方，對談判起關鍵作用的優勢和條件。這是己方談判的王牌，不能輕易示人與出手，不到最關鍵時刻，絕不使用。

如果雙方實力對比懸殊，己方處於劣勢，這樣的談判，就更要藏好自己的殺手鐧，用自己的強項與絕招來以小搏大。

談判中所處地位的優、劣，很大程度是對自己殺手鐧的把握上，這一優勢的運用，要把握好火候，過早暴露和使用，容易讓對方化解，因此失去談判的主動權。

談判過程中，討價還價是必不可少的一個過程。在這個過程中，要冷靜沉穩，一點一點後退。當談判接近目標，關鍵時刻卡住時，看準時機，使出自己的殺手鐧，促使談判峰迴路轉，最終成功。

一般談判都是先易後難，越到最後越難把握，這就需要殺手鐧的一錘定音。談判成功與否在此一舉，所以出手必須慎重，不到萬不得已，不能草率使用。

無論什麼樣的談判，雙方都會在觀點上有歧見、都會受到各方面因素的制約。雙方談判合作的目的就是取長補短，互相借勢和利用。己方所具有的優勢，可能正是對方所需求的，這才會形成自己的殺手鐧、才會有各自不同的談判心理感受。除了客觀存在的優勢以外，殺手鐧應成為己方的心理優勢。憑藉這一優勢，建立己方的影響力與說服力，使談判向有利於己方的方向進行。

一句話學談判

只要對方認為你有力量，那麼你就有力量，可以在談判中占到便宜，這完全取決於彼此的主觀看法。

5 簡潔談判莫輕敵——越是簡單的談判越不能草率

越是簡單的談判，越是不能草率，不僅要考慮談判的短期影響，還要考慮談判的未來作用。一個看似簡單的開始，可能會對企業未來產生意想不到的影響。

曼徹斯特一家流水線上的工人要罷工，原因是董事會在年底時，向技術部和銷售部發了一部分獎金；而在工人看來，公司的效益是他們創造的，董事會的做法嚴重傷害了他們的自尊、忽略了他們的存在。所以他們向董事會提出抗議，要求董事會給予一個明確的答覆，否則就集體辭職。

與工人的談判一時陷入僵局，俗話說，法不責眾，流水線上兩千名工人一起罷工，使董事會造成很大的壓力。如果答應他們的要求，這無疑是一筆巨大的開支；如果不答應，對公司的信譽和將來的發展都，會造成不可估量的影響。

經過一番縝密分析，公司董事會決定委託法律顧問與工人談判。

法律顧問來到工人中間，對他們說：「大家說說看，有什麼矛盾和要求？我們來一起商討一下，看能否找到一個最佳的解決方案。」

工人的態度很一致，他們對這次談判胸有成竹，一位工人代表說：「一直以來，我們都在這個公司工作，無論效益好時還是不好時，我們都沒有想到過離開。現在公司發展了、效益提昇了，可是他們董事會最先獎勵的是技術部和銷售部，難道我們就沒有一點功勞嗎？」

另一位工人代表接著說：「董事會從來沒有給我們漲工資的念頭和計畫，這對我們難道不是一種輕視嗎？請問，如果沒有我們辛辛苦苦加班工作，他們的效益從哪裡來？要是工人全部停產，我相信他們是沒有什麼利潤和效益可言。」

「是的，你說得很對，他們是沒有什麼效益可言。可是你們和公司的利益是相輔相成的，他們沒有利益的情況下，你們呢？」

「董事會應該考慮答應我們的要求，停產一天，公司會有多少損失，難道他們就不考慮嗎？」工人代表說。

「是的，你們說得太好了，就因為你們說的這些理由，公司決定把流水線遷到斯圖加特。正好公司總部也在那裡，把流水線遷到那裡，也便於管理。」

「如果不給我們漲薪水，我們就集體辭職。至於流水線，搬到哪裡跟我們也沒有什麼關係了。」

工人沒想到董事會會來這麼一招，他們想，這不過是公司的一個計謀，所以也沒有太在意。幾天以後，公司董事會決定，在當地一個知名度很高的報紙刊登了一則啟事，內容是這樣：某某公司因內部管理層人員調整，為了更方便管理，公司決定把在曼徹斯特的流水線遷至斯圖加特。

報紙的內容讓罷工的工人結結實實地體味了一次失業的感覺：如果公司真的遷走了，他們將會面臨集體失業。公司提出以下承諾：如果工人們收回自己的意見，就不再追究他們因罷工而造成的損失，也不再提搬遷的事情。慢慢地，工人又都回來上班了。

談判教戰指南

很多談判可能很簡單，不僅涉及內容簡單，談判過程也很簡單。大多數情況下，對於很多簡單的談判，往往引不起人們的重視，以為無關緊要、隨意應付就可以了。等談判成功，執行合約協議後，才會發現它的利弊。那個時候再採取補救措施，不僅花費的代價大，而且很多損失已無法彌補。

有些看似簡潔的談判，雙方很痛快地就當成了協議，簽訂合約，但其中可能藏有陷阱。越是這樣的談判，越要冷靜，先放一放，一看二慢三通過，不僅要仔細甄別談判是否隱藏陷阱，還要認真推斷談判可能對企業未來經營帶來的潛在影響，將目光放長遠，綜合考慮，全面權衡，不能因小失大，留下不必要的隱患。

簡潔談判有很多，例如，一次簡單的購銷談判、一個小小的合作專案、一次贊助、一個人才的引進等。同時，也包括談判過程的簡潔、雙方目的明確、彼此開出的條件一拍即合都能接受，可能談判在很短的時間內就完成了。

有的談判，由於準備工作做得充分，很多條款雙方已認可。這樣的談判，水到渠成，可能很簡潔，一般沒什麼顧慮。而有些簡潔的談判就不同了，對方可能在你毫無準備的情況下找到你，提出非常優越的條款，並滿足你提出的一切要求。這樣簡潔的談判可能就會存在問題，千萬不能衝動，冷一冷、放一放，往往就能看清談判的本質，然後再行動也不遲，以免落入對方設下的圈套。

還有的談判由於過於簡潔，可能會使自己對資訊掌握不全面、情況了解不透徹，匆忙草率達成協定，留下很多不完善的地方，為談判結果執行帶來不必要的麻煩。

一個談判結果的順利執行，要牽扯到很多要素，這些要素都需要在談判前考慮清楚，做到全面仔細，不留異議，才能取得好的執行效果。

一句話學談判

對付喜歡討價還價的人倒不是大問題，他們某種意義上可以說是最容易打交道的。

6 冗長談判防疏忽——買塗料不是吃大餐

有些複雜的談判，時限可能會拖得很長，要經過長期多輪的較量，才能見分曉。這樣的談判，容易讓人產生麻痺心理，放鬆警惕，疲憊大意，導致談判陷於被動。

李智宇一直在為韓國遊艇製造公司做採購，他的業務範圍包括豪華遊艇、公務艇、觀光船、漁業船舶、交通船、工作艇等。因近年來，船舶塗料市場原材料的價格一直在大幅度上揚，因此導致塗料供應商的價格也不斷上漲。李智宇一直想試圖控制價格，因為那些船舶製造商的業務需求量很大。所以，他擔心塗料的價格一再上揚，會引起船舶製造商的反感，因此慢慢失去他們的信任。為了留住這些客戶，也為了保證自己的利潤，他決定放棄原來供貨的那位塗料商，去尋找新的供貨來源。

為了尋找到價格更合適的供應商，李智宇一直在暗中調查各個塗料商的底細與價格。透過對比，他最終選定了幾家公司。這幾家公司都不在韓國本土，李智宇認為他們受原材價格上揚的因素會小一些。

這天，與李智宇談判的是美國的一家公司，美方的代表叫弗朗利。李智宇首先向弗朗利簡單介紹了自己的業務情況和需求量後，就提出了一個報價單。這是一份很低的報價單，李智宇所能接受的價格底限是三百四十美元一桶，因為他提供給船舶製造商的是三百八十美元一桶。當弗朗利看到報價單以後，一直在搖頭：「不不，你這個價錢我們不能接受，我們從來都沒見過你這樣的買家。」

弗朗利的意思很明顯，是想提高成交的價格。李智宇很明白他的意圖，但他並沒有針對價格多做解釋，而是說：「價格是次要的，如果我們達成協定，我手下的幾大行業將全部從你這裡進購塗料，這可是一筆可觀的利潤。你先看看我們的需求量，然後再談論價格。」

「雖然你們有很大的需求，但是我們也要考慮我自身的成本，我所能夠承受的底線是三百六十美元一桶，過了這個底線，我恐怕不能做主。」弗朗利說道。

這個價格已經靠近李智宇的理想價格了，但是他覺得一般的談判方不會第一次就直接提出底價，這裡面肯定有談判空間。然後，他不動聲色沉默了一會兒，表示這個價格很難接受。過了難耐的幾分鐘，弗朗利心裡感到有些糟了，開口說：「這樣吧，這個談判我們都是抱著誠意來的，不如我們折中一下，就定在三百四十吧。」

李智宇還是摸著自己的下巴，繼續沉默。雖然這個價格已低於他所能接受的底限了，但這個價格是弗朗利提出的，他認為還有降價的空間，思考片刻後，他開口說：「三百二十美元。」說了這幾個字後，他就不吭聲了。

弗朗利和他的助手低語了幾句後，說：「成交！」

在談判之前，李智宇已摸清這位塗料商的底細，所以談判一直在自己的掌控之中。

談判教戰指南

長時間面對一個主題的談判，可能需要解決的相關問題很多。雙方立場不同、認識不同、認可條件不同，都會帶來這樣、那樣的意見分歧，因此使談判久而不決。對於己方來說，可能是因為有無法排出的障礙；對於對方來說，可能僅僅是一種談判策略。

有些談判被急於求成，掃清談判障礙，可能需要長期艱巨的工作。在這個過程中，實際上是在考驗雙方的耐力和警惕性。如果被對方拖垮，放鬆警覺，急於求成，正中對方下懷，就會使談判有利於對方。

為此，針對冗長談判，要做好充分的準備：

1. 要制定詳細的談判計畫，每談一步，都要有清晰的原則，先談什麼、後談什麼、怎麼談、要達到什麼效果，都要事先制定好計畫，按計畫一步步實施。

2. 談判過程中，要保持高度集中，要經常想辦法保持談判人員的積極性，經常討論談判的進展情況和利弊得失，查漏補缺，及時調整談判狀態，防止談判人員的麻痹大意。高手對決，忍耐力非常重要，誰能忍耐得住談判的煎熬，不亂陣腳，誰就能爭取到最後的主動。

3. 要時刻蒐集對方的資訊、了解對方的動態、防止對方突然襲擊、打己方一個措手不及。要徹底摸清對方的真實意圖，了解談判難以順利進行的障礙所在，摸清對方的底線，採取有針對性的措施，打破談判的堅冰。

4. 要統一認識，保持高度警惕，嚴守祕密，不能把自己的底牌暴露給對方。在最後時刻關鍵的談判中，不能露出急迫的心情，穩紮穩打，爭取最後的圓滿結局。

冗長談判並不可怕，只要能把握住原則，圍繞談判的主題，做好各方面的準備工作，保持足夠的警惕心，嚴防麻痹大意，守住自己底線，克服各種障礙，就一定能收到很好的談判效果，達到談判的目的。

一句話學談判

對以還價作為退出交易藉口的人，拒不讓價，也許倒可把他留下來。

7 高額談判算清帳——你的飛機飛在我的天空

高額談判一般都是大型的專案和大型的交易。其談判所依循的標準，也不同於簡單的談判，不僅要有全局、長遠觀念，還要樹立整體意識，仔細考察，詳細規畫，制定出周密的談判方案。

一家瑞士航空公司為了增加自己的航線，因此擴大業務，需要從英國的威克斯公司引進六架子爵客機，這是威克斯公司的新產品。透過比較，子爵號飛機具有兩大優勢：一是速度更快，可達每小時五百七十六公里；二是可飛得更高，使巡航高度處在平流層，因此旅客乘座更舒適。這兩大優勢是這家瑞士航空公司最終選定子爵的原因。

瑞士方面派談判代表格瑞爾，帶領律師和銀行家一行來到英國的威克斯談判購買飛機的事情。

在這之前，格瑞爾已詳細了解子爵的價格，每架在二點九億美元，並還了解到這家飛機製造商急於向用戶推出這項新產品，為了這個目的，他們一直在大規模地宣傳。

不出所料，英方談判代表布蘭得利很熟練地拿出一份報價單，就是這款子爵的報價二點九億美元。

通常新產品的性能很難確認，所以格瑞爾以此為理由想壓低一些價格，他說：「這款飛機雖然廣告說得很好，但高昂的價格會使我們退卻，那麼即便再好又有什麼用？」

「先生，你說得很有道理，但這個價格是我們精確核算過的，基本上沒有降價的空間。」布蘭得利感到很遺憾。

只要對方的屁股不離開談判椅子，那麼這個談判就有希望，但格瑞爾表現得很冷靜。

這時格瑞爾跟他的幾個助手拿出來一些資料，好像與另外幾家客機製造商有關，然後討論了一番，最後格瑞爾說：「看來貴方是不願意達成這個協定，沒有哪個談判代表會緊咬價格不放，我們完全可以另選其他的製造商。」

格瑞爾的沉著讓英方代表有些茫然，因他們並不想失去這次成交的機會。在價格上，如果不做出一些妥協，恐怕難以成交。這個結果當然不是他們願意看到的，畢竟新產品是需要推出的。

其實，格瑞爾也正是抓住英方這點，才會首選這家公司談判。他們對英方的態度擺出一副很無奈的表情，表示這個價格沒有希望成交。

短暫的沉默使空氣變得有些壓抑，這時格瑞爾寫了一個紙條遞給對方，紙條上寫的是他所認可的價格：二點八億美元。

英方把紙條傳看了一遍，最後布蘭得利說：「先生，你很會做生意，不過你給的價格太離譜。我們可以讓步，但不會這麼大幅度，這可是一千萬呢，我們沒有那麼大的利潤空間。」

「好吧，我給的價格不理想，你們給個價吧！」格瑞爾這時覺得氣氛沒有那麼壓抑了。

「就定在二點八八億美元吧，這是我們最大讓步了，如果不是想急於推出這個新產品，我們是不會這麼輕易就讓出這麼多利潤的。」

「好吧，我們接受你的報價，合作愉快。」格瑞爾此時一片釋然。

每架飛機比預想的減少兩百萬美元，六架飛機就為公司節省一千兩百萬，看來這場談判很有必要。

談判教戰指南

高額談判既可能是簡潔談判，也可能是冗長談判。無論談判時限長短，過程是否曲折，都要把握住談判的原則，不能因為貪大而輕易放棄自己的底線、輕易犧牲自己太多的利益，而給企業發展埋下隱患。

1. 要深入調查對方的情況，摸清對方的底細，有針對性地選派經驗豐富、精明強幹的談判隊伍。

2. 談判過程要認真把握、要充滿信心，不能有畏懼心理。要靈活運用各種談判技巧，增強己方的談判力。要嚴謹務實，審慎對待，因為高額談判往往直接關係到企業的前途與命運。

對於高額談判，除了要小心謹慎、嚴防上當以外，還要精心計算，核算清楚成本，準確分析成本構成，把談判額度拆分到各個成本單元之中，認真比對分析，以防在細節中埋下圈套，留下漏洞。

精準的財務核算，是高額談判中重要的環節；算清帳才能談得細、談得精確。謀長久而不是圖眼前，即使談判艱苦一些，甚至談判破裂，也不能犧牲企業長久利益而只顧圖大求強。

高額談判最怕成為單贏談判。單贏談判，都希望自己的利益最大化，而犧牲另一方。一贏一輸的談判，最容易影響雙方長期合作，不利雙方長久發展。

所以雙方在談判中都要拿出最大誠意，為彼此留出利益空間。不僅要達成交易目的，更要達成認識的一致，找到彼此合適的方法滿足對方需求。用局部的犧牲，謀求長久、高效的發展和更大的利益。著眼於未來，共同抵禦風險、共同分擔責任、共同創造價值，實現一加一大於二的效果。

營造全盤優勢、做到優勢互補和雙贏共進，如此高額談判才能取得理想的結果。

一句話學談判

威脅能否使對方害怕，取決於實施威脅的可信程度和威脅給對方造成的危害程度。

CHAPTER 5

摸清對手情況

「我會盡最大努力」「我會看看我能做些什麼」或「我會試著讓它不超過三百美元」，更糟的是「我們會盡力……」。這些意圖為自己脫罪的措辭，是用來讓你做好心理準備，接受對方的言行不一。

因此，了解你的談判對手，要落實到摸清他說的每一句話。

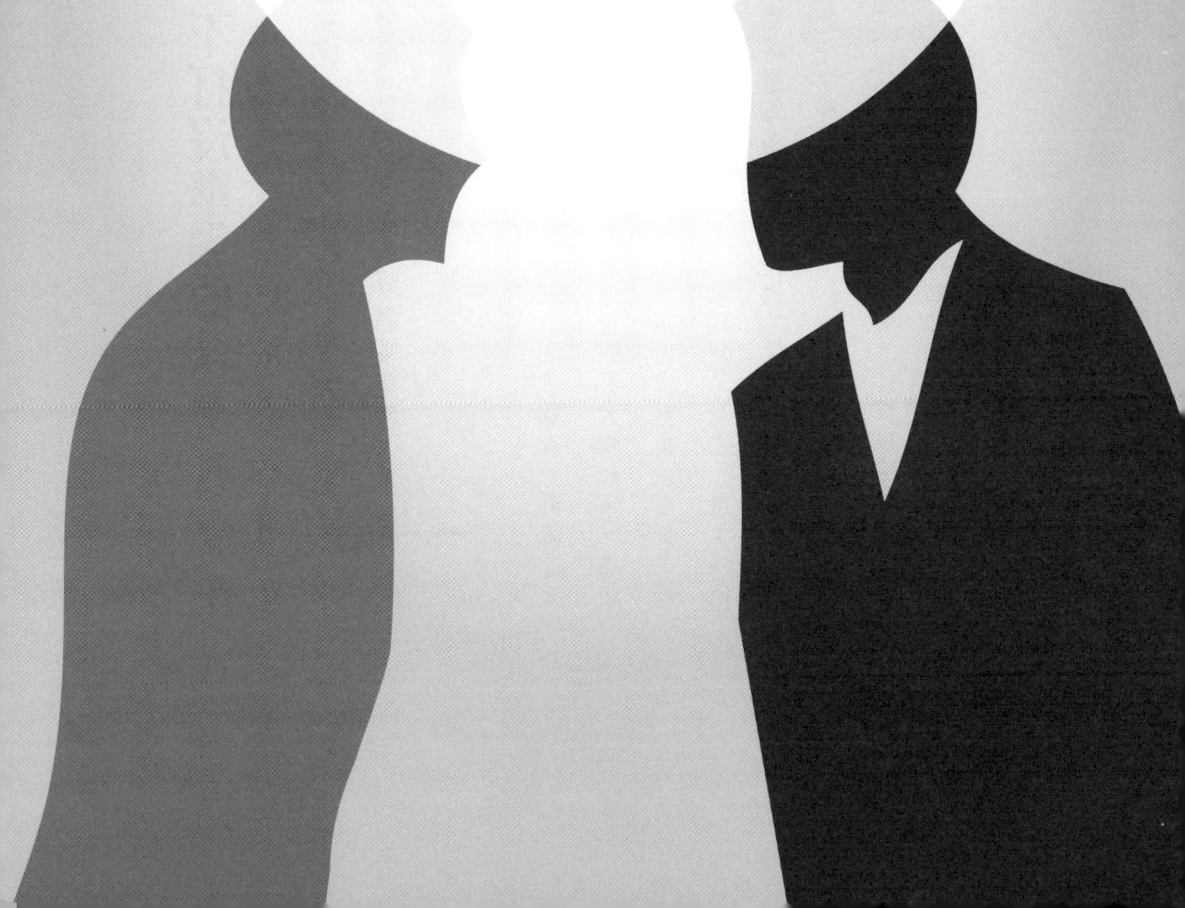

1 全面蒐集對手資訊——不打沒準備的仗

談判之前，全面、詳細地蒐集專案和對手的相關資訊，非常重要。蒐集資訊要把握全面、準確、適用和及時原則，蒐集的資訊要完整、系統和連續。

洛杉磯市中心有一棟大樓的二十二層要出租，在報紙和電視台做了很多廣告，面積是五百平方公尺，月租是二十萬美元。一天，希爾頓來到這裡，打算把這層辦公大樓租下。在租房子前，他很細心打探到這幢辦公大樓幕後的一些情況：這幢樓位於市區，前後左右都是辦公大樓，是商業辦公很集中的地方，這個位置應該很理想。於是，他找到了房主，房主領他參觀了二十二層。當他看完整個辦公場地時，覺得還算滿意，可是他又覺得房價太貴，就對房主說：「還不錯，只是月租太貴，你看是不是可以再讓一點？」

「那不行，你看我們這棟樓處在黃金地帶，房租相對來說並不高。你可以隨便打聽一下，這四周的房租比這個都高出很多，並且這一帶是商業區集中的地方，你在這裡租的房子可以顯出你的實力。而在別處辦公大樓，如果離市區偏遠一些，將來或多或少會對你的生意有影響。」

希爾頓覺得房主說的話很有道理，自己來這裡租辦公大樓，也是出於這個考慮，只是這個房租的確讓自己卻步。不過，他倒不急於跟房主討價還價，因為他知道房主一直沒有把房子租出去，還一直在為房子還貸款，這對房主來說是一筆不小的開支。透過觀察，他還發現，這棟大樓有這麼一項特徵，它越往上就越窄。所以，這個二十二層的實際面積其實很小。他將自己的考慮告訴房主：「你在廣告上說，面積是五百平方公尺，你是按第一層樓面積推算，覺得二十二層樓也是五百平方公尺。可是你的這幢大樓下寬上窄，到了二十二層，根本就沒有那麼多面積，你收二十萬月租不合理，每個月我只付十六萬美元。」可是房主認為自己的辦公大樓處在黃金位置，廣告打出去，不愁沒人來租，他當然不會輕易降低房價。可是希爾頓知道，既然房子一直沒有租出去，肯定有各種各樣的原因，自己不妨跟房主來個拉鋸戰。

這時希爾頓說：「你不願意降租金，看來我們根本沒有辦法合作，我現在急著要租辦公大樓，所以聯繫了好幾家仲介公司找房子。如果你考慮可以降到十六萬美元，我們還可以合作；如果你不答應，我只好去租別處的房子。」

臨走時，希爾頓給房主留下了自己的聯繫方式。

希爾頓走後幾天裡，都沒有跟房主再聯繫。房主心想，如果再繼續拖延下去，希爾頓在另外的地段租了房子，那麼自己連每月十六萬美元的租金也拿不到了，自己還要繼續為每個月還房貸發愁。因此，他又撥通了希爾頓的電話，告訴他說，房子的事情希望可以再商量一下。

因為希爾頓事先知道對方的資訊，所以談判時心裡有了定數，也能夠掌握談判大局，為自己贏得最大利益。

談判教戰指南

如果資訊蒐集不全面，殘缺不全，容易造成判斷失誤，因此給談判帶來損失。所以，蒐集資訊要遵循以下幾點：

1. 蒐集的資訊、資料要準確，確保其真實性，不真實的資訊禍害無窮。
2. 蒐集的資訊要適合談判的實際需要，目的明確，重點突出，同時要有很強的時效性，準確反映當前的行業和對手的真實情況。
3. 蒐集資訊要盡可能全面詳細，廣開管道，多方打探，嚴防遺漏重要訊息。同時，確保資訊來源真實可靠，對資訊進行嚴格加工，仔細鑒別真偽。去除無用的資訊，剔除虛假資訊，對模糊不清、不十分明確的資訊要暫時放置一邊，等待進一步驗證。

針對主題對資訊進行詳細分類，提綱挈領，把握重點，保持資訊的系統性、完整性，準確反映行業和對手各種情況的動態變化過程及其特徵。使資訊靈敏地對應談判需求，快速對各種資訊進行整理、分析成效。

選擇好蒐集資訊的新方法與途徑也非常重要，由於談判的資料來源和構成比較複雜，加上對手又對資訊具高度的敏感性和保密性，這就加大了資訊蒐集的難度，不僅不容易獲取，而且也較難識別真偽。所以選擇蒐集資訊的管道，就顯得尤為關鍵。

首先，要針對對手的經營狀況、信譽、資金、規模、價格、談判底線等核心問題，採取不同的途徑和方法，深入挖掘，得到真實準確的第一手材料。

其次，蒐集資訊的常用方法有：檢索調查、研究法和直接觀察法。

檢索調查、研究法，是指對行業資料蒐集要全面，透過檢索統計資料，如報刊雜誌、資訊庫等，對相關資料進行分類比較研究，整理出對談判有利的資訊。

直接觀察法是指詳細了解對方的資產負債表、財務計畫、商品目錄、報價單、經營項目與其沿革、變更，以及各種公開發布的報導、聲明等。

同時，可採取迂迴包抄的策略，透過一些祕密管道，私下打探、了解對手的相關資訊，使談判時，占有利地位。

一句話學談判

談判是因為別人手裡有你想要的東西，而你手裡也有他想要的東西，所以談判雙方都同樣有壓力。

2 找到對方弱點——此路不通就繞道

「短板效應」是指一個水桶能夠盛多少水，不取決於最高的那塊木板，而是取決最短的那塊木板。每個談判對手都有他的短板，抓住對方的短板，就會為自己獲取最大的利益。

一個小鎮新開了一家超市，老闆彼得準備為一個很有名氣的葡萄酒做代理商。由於這家廠牌從來不做鎮級代理，這讓超市老闆很傷腦筋。

一天，彼得去葡萄酒銷售員那裡想看看到底有沒有做代理的可能。他找到了一個資歷很老的推銷員，說：「這個牌子的葡萄酒非常暢銷，可是我們卻很難買到，我新開了一家超市，很想做這個葡萄酒的代理。」

可是那個老推銷員沒有答應他的要求：「一直以來，我們都沒有做過鎮級代理，這是董事會的決定，我也沒有辦法。如果想買的話，你只能從一級代理那裡進貨，只是價格稍微高一些。」

其實，那位老推銷員根本就沒把彼得放在眼裡，他做了一輩子推銷，手裡擁有大量客戶，他們才是最大的財富；至於一個小鎮上的超市，他根本不感興趣。

彼得有些失望，不過，並沒有失去信心。他想，不如多角度打聽一下，看看有沒有突破的可能。

透過幾天的了解，彼得發現一個年輕人對他一直很客氣，他想，不如多跟他聊聊，也許會有收穫。於是，彼得就有意地問這位年輕人叫什麼、是做什麼的？年輕人說：「我是剛來的業務員，叫唐傑斯。」

「那你的業績怎麼樣？做得很好嗎？」

「這裡都是老業務員，已占領很多市場了。我一直沒有業績，又擔心老闆會炒魷魚，因此很有壓力。」

「你為什麼不試著把葡萄酒往鄉下推銷一部分，那裡才是最大的市場。」

「可是，公司有規定，為了維護客戶利益，我們一直不在鄉下發展代理商。」唐傑斯說。

「規矩是人定的，全國各大城市都有你們的葡萄酒代理。他們壟斷了葡萄酒市場，在某種程度上看來好像沒有競爭，賺取了最大利益，使得你們的葡萄酒價格越來越貴。如果你們考慮在鄉下發展代理商，不僅會增加你自己的收入，還會給公司帶來很大的效益。假使你不去做努力，也並不一定代表別人不這麼做。也許不久，你們公司董事會就會改變自己的做法，考慮發展鄉下代理商的事，到時候你再說不就為時已晚？」

聽了彼得的建議，唐傑斯決定試著向公司董事會提出這個想法。很快，他得到了滿意的答覆。

公司董事會也在為如何擴大業務量、提高效益而傷腦筋，他們都一致贊成唐傑斯的想法，而超市老闆彼得，也獲得做一級代理商的資格。

也因代理這家在鄉下很難買到的知名葡萄酒，讓超市生意好了起來，葡萄酒在這條新銷售線的業績也直翻長紅。

在蒐集資訊的過程中，除了全面了解對手詳細情況外，摸清對手的短處、找到對方的弱點，也是很重要的任務。

每家企業都有經營管理中存在的短處與局限，摸清對方這一點，可以依據對方的弱點採取針對性的措施。

用自己的長處彌補對方短處，這樣更能說服對方，讓對方心甘情願地同意談判條款，達成談判意願，完成企業目標。

每家企業都會有劣勢，有的是企業先天的局限，有的是市場，有的是資源，有的是技術，有的是管理，有的是人才等。不管哪一方面，都會對企業的發展造成一定的阻礙。彌補這些短處，是企業自身發展的需要，又是企業自身無法克服的困難。

如果談判中能針對對方的劣勢抓住要害，向對方說明彼此的優、缺點，以己之長補對方所短，做到優勢互補，必能從關鍵部位切入談判，使談判開始就能占據主動地位，增加談判成功的籌碼，讓對方心悅誠服地願意與己方合作。

抓住對方劣勢，目的不是為了互揭瘡疤。

為此，在尋找和利用對方短處的過程中，應把握好分寸和原則，做到有的放矢，不露聲色。讓對方感覺到，抓住它的短處不是為了要脅和壓制，而是立足於彼此長期的互惠互利，共同發展。要表達出足夠的誠意，而不是為了抓短而抓短。

為了顯示己方誠意，在談判過程中，充分列舉對方的短處和己方優勢，逐一詳細列出對照，並能提出切實可行的互補方案，不僅讓雙方充分認識到彼此的不足與優勢，還能清晰看到解決問題的方式和方法。

無論是經營管理，還是產品和市場，都要讓對方看到巨大的前景與切實可行的操作方案。

讓對方感受到如果談判成功、雙方合作，就能充分解決困擾企業發展的短處所帶來的各種問題。

一句話學談判

談判中的每一個目標，最好能用一句簡單的話來概括。

3 認清對方的底牌——我買的可不是肥皂泡

每個談判，雙方都會有自己的底線和底牌，如何摸清對方談判的底牌，對於談判的順利進行，將會起重要的作用。

喬波有一個很好的習慣，每次在談判之前，他都喜歡精心蒐集對方的資訊：包括談判對手公司的規模、銀行貸款，以及每月產品的成交量。

位於俄亥俄州西北部的一棟大樓要出售，從地理位置上來說，這裡的確不具備什麼優勢，可是主人的要價非常高。

高昂的價格總是有道理的。當喬波見到大樓主人時，主人首先帶他參觀了整幢大樓。接下來，他們談到價錢，喬波對樓主的要價不以為然，甚至覺得是漫天要價。按常理來說，這棟樓只能賣到三百萬美元，可是樓主卻要價六百八十萬美元。他對樓主說：「這樓離市區這麼遠，而且房子已經很破舊了，為什麼要這麼高的價錢呢？」

「如果單從這棟樓來說，也許沒有那麼值錢，可是你有沒有關注過報紙和新聞？政府要在這裡建商業城，包括辦公大樓、公園遊樂場、酒店、大學、生活區。在不久的將來，這裡將會變得很繁華，這就是這棟大樓潛在的價值。」

「你說得有道理，可是政府的決策還沒有落實，你所說的價值其實都是虛擬的。估計每一個有頭腦的人，都不會輕易為虛擬的利益掏出口袋裡的積蓄。」喬波接著說：「還有另外一個問題，既然前景這麼好，你為什麼要出手呢？」

「我在另外一個城市投資了房地產，正籌備資金，所以打算把這裡賣掉。」樓主向喬波解釋說。

喬波對樓主的話半信半疑。

第二天，他來到政府部門，打聽到了一個關於城市規畫的一些消息，得到的回答是：政府的確有意將這裡建成一個繁華的商業區，可是這個計畫暫時不實施，它被圈定在政府五年發展規畫裡。這在喬波看來，大樓的主人也沒有十分的把握，而是在嘗試，興許碰上個糊塗買家，也就一舉成交了。幾天以後，喬波再次見到大樓主人時，發現大樓依然沒有賣掉。他對自己的分析更有把握了，一口咬定價格：「我只接受三百五十萬美元，至於賣還是不賣，你自己考慮，我不能因為一個虛擬的前景而去冒險。」

房價被砍下了將近一半，大樓的主人是不能接受的，可是自己畢竟急等著錢用，只好同意喬波的意見，將大樓以三百五十萬美元賣給了他。

摸清對手底牌要講究方式、方法，為此，談判的情報工作非常重要，要在談判開始前，多方蒐集對方有關的情報，尤其是對方在談判中將採取的立場、方法，以及堅守的底牌。

情報蒐集工作要全面翔實，尤其是對方的市場情況、產品和服務的品質、價格等相關資訊，要摸清、摸準。透過這些資訊，分析出對方可能會堅守的談判底牌，做到心中有數。

做好相關情報工作，在與對方進行談判時，進一步摸清對方的底牌。

中醫治病講究望、聞、問、切，談判也是如此，要徹底摸清對方底牌，仔細觀察對方，然後認真而有技巧地聽和問非常必要。

聽的功夫主要表現在談判初始階段，所有的談判，幾乎都從開始的客套寒暄逐漸進入主題，輕描淡寫輕鬆開場。無論是生活細節還是生意場上的內容寒暄，都可以大致判斷出對方的世界觀、性格、處理問題的方式等。注意傾聽，捕捉細節，特別是對方關於本行業情況的評價，可能會透露出對方對談判的認識和期待，由此判斷對方的心理需求。

在聽的過程中，做到五點：

1.少說話，多聽對方說。

2.不要輕易打斷對方的話題。

3.不要輕易與對方發生辯論。

4.不要輕易陳述、強調自己的觀點和認識。

5.不妨重複講述對方的認識和觀點，以便進行確認。

做一個好的聽眾、謙虛的聽眾、認真的聽眾，摸清對方的立場和目的。

聽明白了，還要學會問，透過問來引導對方，逐漸讓對方在不經意間把自己的底牌透露出來。透過發問，引導對方按照自己的思路走，一般可以採用下列發問的方式。

☆直接發問——主要針對對方對談判內容沒有自己的見解和方案的時候。

☆間接提問——目的是啟發對方闡述自己的觀點和要求。

☆開放式提問——幫助對方打開思路。

☆暗示式提問——把自己的要求和目的委婉透漏給對方。

☆模糊式提問——轉移對方視線，混淆視聽，迷惑對方，把對方引向自己希望的軌道。

一句話學談判

只要你同意了不留紀錄的談話，就要遵守諾言。

4 巧避對方優勢——留在泰晤士河畔的遺憾

很多談判的過程可能是艱難和複雜的，在談判過程中，首先要摸清對方的優勢，在談判中盡量避開對方的優勢，尋求談判主動。

歐雅羽絨服裝是英國的一個知名品牌，在英國的伯明罕市，其銷量多年來一直遙遙領先，在羽絨服裝市場上獨占鰲頭。有很多小型生產羽絨服裝的廠家，因為自己的羽絨服裝沒有知名度，打不開銷路，所以都在設法跟歐雅羽絨服裝這樣的大公司合作。道格斯在愛丁堡就擁有一個羽絨服裝生產線，透過熟人關係，終於說服歐雅羽絨服裝總裁答應把羽絨服加工的任務分給自己一部分，除此以外，還要就投資、分成、技術、管理、銷售等一系列問題進行協商。因為歐雅羽絨服裝是大廠家，在談判中，他們具有絕對的優勢，雙方約定，由道格斯來伯明罕市商討協議的事情。

按理說，道格斯能夠找到這樣一個大公司跟自己合作，實屬幸運。既能給自己投資，解決資金短缺的問題、又能夠保證常年有活可幹，這是道格斯求之不得的事情，所以他的態度很積極是正常的。而歐雅羽絨服裝方面，態度就比較傲慢。在歐雅羽絨服裝董事會看來，自己有絕對的優勢，所以要求三、七分成，一切暫時都是口頭協議，道格斯也沒有拒絕的意思。

到了臨近談判的日子，歐雅羽絨服裝董事會為此已制定好了一些談判措施和議題，就等著道格斯上門了。可是左等右等，道格斯沒來，卻等到了道格斯打來的電話，他在電話裡說：「談判的事不要弄得劍拔弩張，我已找好了一個城市，在泰晤士河畔，邀請大家去那兒談判，順便也可以逛逛景區。」

董事會覺得道格斯的做法正常，畢竟小公司很重視這次談判，所以董事會派幾位談判代表來到道格斯電話裡說的約克市。到了約克市以後，為了顯示實力，他們像模像樣地住進了豪華飯店。可是令人意想不到的是，他們卻跟道格斯聯繫不上，一直到第二天下午，道格斯打來電話說：「我這裡有點事情太纏手，請你們耐心地等一天，我處理完事情立刻就到。」

他們猜想道格斯不敢耍什麼花樣，就在飯店安心住下來，在賓館繼續商討談判事宜。到了跟道格斯約定的日子，可是他的手機卻怎麼也打不通。沒辦法，他們只得耐心地多等一、兩天，如果道格斯再不出現，他們就打道回府。可是就在五天以後，道格斯突然打來電話，他在電話裡說：「這幾天我真是太忙了，剛跟一個服裝廠簽訂合作協議，又要趕往牛津市去簽另外一份合作協議。因為時間太緊，我只能在飯店停留一小時左右，希望我們快刀斬亂麻，簽好協議立馬走人，各不耽誤。」

這次再見到道格斯，道格斯一口咬定協議上利潤要五五分成，否則一切都免談。這樣的態度讓他們始料未及，可是已經在約克市待了好幾天，如果空手而歸，勢必會遭到董事會的痛斥，說他們竟贏不過一個小小的道格斯。無奈，他們只得硬著頭皮同意了道格斯的意見，在利潤上五五分成。

談判教戰指南

每個企業都有自己的強項和優勢，有的資本充足，有的市場成熟，有的管理先進，有的掌握核心技術，有的擁有獨特資源，這些都有可能成為對方談判的籌碼。對方會借助自己的優勢，確立談判基調，使談判納入自己的軌道。

面對這種情況，就要採取靈活有效的策略和方法，繞過和避開對方的優勢，使優勢化為無形，不對自己構成壓力和威脅。

要想避開對方的優勢，就要做好談判前的準備工作，做好調查研究和情報蒐集，摸清對方的優勢所在，判斷出對方可能要依賴的談判籌碼，尋找到有效的辦法和措施，遏制對方的優勢。

1.要引導對方進入自己的談判思路，避開對方優勢所在，大談特談行業潛伏的危機，轉移對方對自己優勢的注意力，使其認識到自己的優勢可能成為未來發展的障礙。

2.抓住對方的劣勢和短處，引誘對方把注意力集中在討論他的劣勢和短處的改進上，讓對方認識到他的不足之處，以及可能帶來的對企業發展的不良影響。

3.尋找合適的機會，不動聲色地推出自己的優勢，以及自己的優勢所具有的巨大潛力。讓對方看到前景，對談判充滿信心，因此把談判的主動權掌握在自己的手中。

巧避對方的優勢，重在一個巧字。也就是說，要採取巧妙的方法，而不能生硬地否定對方，把對方說得一無是處，因而引起對方反感，破壞談判順利進行。也不能誇大其詞，吹噓自己，用虛假和欺瞞的方式贏取對方信任，這都會為談判的最終落實埋下隱患。

巧避對方優勢，只是談判的一個策略。自己揚長避短，迫使對方避長露短，因此使談判更趨於公平，使合作能夠朝向互惠互利的方向發展。

一句話學談判

優勢談判就是讓對方答應你的要求，同時還要讓他相信自己占了便宜。

5 引導對方吐露資訊——精明的日本人

資訊對談判的成功與否，有著非常關鍵的作用。談判的過程中，如何引導對方談判人員盡可能多提供自己的資訊，是談判過程中重要的工作之一。

史密斯的公司一直以生產旅遊鞋為主。在一次鞋類展銷會上，他帶去了自己十款新式旅遊鞋，想讓自己的產品，在展銷會上能有更多曝光；好讓自己的產品，訂貨量再向前跨一大步。

果然不出他所料，他們公司的旅遊鞋，因為獨特的造型和人性化的設計，吸引了很多客戶注意，有幾位客戶當場就詢問訂貨的價格。這樣的場面讓史密斯心花怒放，他拿出了自己的名片分發給在場的每一位客戶，並且很高興地說：「謝謝大家，交個朋友，以後多聯繫。」

到了晚上，一位叫藤田伊朗的日本客戶找到了史密斯，他約史密斯出去喝咖啡。在咖啡廳，他對史密斯說：「我們公司有個大型的鞋類商場，經營全球各種高檔名牌旅遊鞋，我非常喜歡你們公司的這幾款旅遊鞋，希望我們合作愉快。」

日本人出門在外總是非常紳士，禮數多多，看起來一副虔誠的模樣。如果你小看他就大錯特錯了，因為每一個走南闖北的採購員，都有他獨到的談判技巧，客氣只是表面現象。

「謝謝你喜歡我們公司的產品，初次合作，也希望你們多關照。」史密斯也很禮貌地客套了幾句。

接下來，他們兩人談到了成交價格。史密斯想，新款上市，價格絕對不能報得太低，否則以後就很難做了；就像把自己擠在牆角，想轉身都沒有空間。而藤田伊朗想，就我的實力來說，我的訂貨量是數一數二的，跟我合作，你們公司的鞋很快就會提高知名度。

帶著這種想法，藤田伊朗提出了每雙三十五美元的報價。

「先生，你不是在開玩笑吧？你給的是旅遊鞋的價錢嗎？這不過是一雙布鞋的價錢。」

「史密斯先生，我很嚴肅，你肯定有過談判失敗的經歷吧，請你回想一下，是什麼原因？」

「多數是價格，有的是外觀和品質。」

「所以你們就設計了幾款新式的，以此來吸引用戶的眼球，因此順其自然地抬高價格，以獲取更大利益嗎？」

「是的。」

「可是每位採購員都會為自己的利益著想，價錢太高，誰會願意跟你合作？尤其是你們這樣不知名的小公司，如果品質出了問題，惹得顧客上門追討損失，那就更不划算了。你覺得我說得有道理嗎？」

「有道理，那我該怎麼辦？」

「如果你接受三十五美元這個價格，我將一次從你們公司訂購五千雙旅遊鞋，你算一算合不合適？」

雖然利潤很小，但對方答應貨款一次付清，也成功贏得了商場薄利多銷的策略。除去成本，每雙鞋還可以淨賺一點二美元，既賺錢又為公司打開銷路，史密斯何樂而不為呢？最後，他們以每雙四十五美元的價格簽訂了協議。

談判教戰指南

引導對方提供資訊越多、越翔實，越容易判斷對方的心理準備情況、對談判的重視程度、要達到的談判目的、談判的底線等，為談判的順利進行做好充足準備。

引導對方吐露資訊的方法很多，要根據談判實際狀況靈活運用，機動把握。

方法之一是引蛇出洞。抛給對方一些問題，注意對方的回答方式和內容，以此判斷對方談判的側重點。

方法之二是明修棧道，暗渡陳倉。透過表面現象辨別、發現對方的真實需求、希望談判達到的目標、對己方的心理期待和特殊需求、談判可能會出現的障礙所在，以及面臨的具體困難等。

方法之三是聲東擊西。讓對方在疲於應付時，暴露自己的人員分工，要盡量弄清每位參與者的身分、職責、談判中充當的角色、談判的許可權範圍，尤其要摸清談判的主導、決定性人物，不與沒有決定權的人過多糾纏，浪費時間。

方法之四是過河拆橋。迫使對方透露談判時間、期限，利用談判最後期限的壓力，促使對方採取行動，自亂陣腳，倉促決定，使己方更有利於控制談判進程，使對方接受己方開出的條件，滿足己方要求。

方法之五是苦肉計。摸清對方的報價和實際承受價格間的彈性強度，適當讓步，給對方留出一定空間，不讓對方感覺吃了大虧。讓對方覺得贏得了談判，獲得自己談判所需要得到的東西。

對待對方提供的各種資訊，要仔細甄別，去偽存真，重點研究、分析哪些是對談判有決定作用的資訊。同時，要抓住重點、圍繞核心發問、制定相應策略、採取相應措施，使談判掌握在自己的主動之中，向著有利己方的發展。把握對方提供的資訊，切忌被資訊誤導，有針對性地利用資訊，圍繞雙方需求展開談判，才能使談判更加順利、有效地進行。

一句話學談判

當對手把一個燙手的山芋丟給你的時候，不要急著去處理，要立刻驗明這個山芋的真偽。

6 掌握對方談判風格——阿迪的小圈套

任何談判都是人和人之間的一種溝通過程。人和人不同，不同的談判對象，就會有不同的談判風格。充分了解對方的談判風格，針對不同風格，採取不同的談判方法，對談判的結局，同樣會有著非常重要的作用。

阿迪在談判桌上一貫愛耍小聰明，這是很多人都知道的，但他的風格屬於「打一槍換個地方」，很多用過的伎倆，基本上不再同一地方再用，所以有時對他還真是防不勝防。

有一次，他約好一個煤礦的業務主管，談定採購無煙煤的事情。電話裡，他一再叮囑說：「你就在辦公室等著，我三點準時過來。我這個人最守時、最注重第一印象，也最尊重我的合作方，所以請你務必三點在辦公室等我。」

看阿迪說得那麼誠懇，主管也只好答應，可是一直等到五點，也沒見阿迪人影。該下班了，主管正要離開公司，下樓時，突然手機響了，是阿迪打來的，電話裡說：「抱歉，實在對不起，剛才有兩個小礦的礦主來了，想與我簽一份賣煤合約。他們的礦小、產量低，要不是礙於老朋友面子，我就不跟他們簽了。就因為這個，耽誤時間了，真是不好意思。」

「沒關係，不過今天我已經下班，有什麼事情，明天再說吧。」

「下班啦？那正好，我們一起去吃飯，我做東。下班時間，吃個便飯，不算是賄賂吧？」

在阿迪一再堅持下，主管答應一起出去吃飯，很快，他們兩人找到了一家酒店。酒過三巡，阿迪說了一些不著邊際的話，就醉得趴在桌上睡過去了。主管看阿迪的皮包放在桌上，就多了個心眼。阿迪剛才不是說簽了兩份合約嗎？他想看看是什麼價位成交的，就悄悄拿出合約。一看，每噸以一百四十五元成交，而阿迪給自己的價格是每噸一百五十五元。他知道阿迪在社會上人緣多、路子廣，很多礦主都找他賣煤，再多的煤在阿迪手裡都不愁銷路，而在自己手裡就很難辦，為了結交阿迪這個朋友，他決定不再跟阿迪討價還價。

第二天，他打電話給阿迪，主動提出一百五十五元一噸的價格，簽了一份八十萬噸的合約。

事後他才知道，哪有什麼礦主纏著阿迪跟他簽一百四十五元一噸的合約，不過是虛晃一招罷了，可是合約已簽，後悔也晚了。

談判教戰指南

談判的風格，常常是由參與談判的人員的性格與做事風格決定。

一般情況下，普遍存在著三種典型性格，這也帶來了三種典型的談判風格：內向謹慎、外向果斷和理性判斷。透徹了解對方的談判風格，就能採取不同的針對措施，獲得足夠的心理優勢，促使談判順利進行。

1. 內向謹慎風格的人，將謹慎放在第一位，無論談判的重要程度、規模金額大小，都會慎重考慮、仔細斟酌，才最後定奪。

對待這種性格的談判對手，同樣要小心從事、要有耐心，不能催促對方提出觀點和答覆。他們更看重長期合作，不容易拒絕別的要求，但也對別人強迫其做出決定感到反感。他們更注意達成一致意見，而不太在意談判結果，容易妥協讓步，所以不能急於求成，以誠相待，傾心交流，是談判的關鍵。

2. 外向果斷的風格，表現在談判的直接和果斷上。這種風格的人，很難認為談判會有雙贏的結果。他認為談判應是直截了當、乾脆利落，他們不太在意對方的感受，只關心生意的進展。在談判出現分歧時，會斬釘截鐵地拒絕你，並很少留轉圜的餘地。如果談判的條件能滿足他們的要求，他們也會立即做出決定，絕不拖泥帶水。

與這種風格的人談判，一定要充分了解對手的情況，握好自己的底牌，一步到位，一錘定音。

3. 理性判斷風格的對手，更注重對資訊的蒐集和進行充分論證，善於把握宏觀和掌控細節，對每個細節都會仔細推敲，準備詳細、周密的資料。如果沒有充足的前期準備，一般不要輕易與這種風格的人開啟談判。

這樣風格的人更固執，談判的方式有時也會過於僵硬。針對這樣的對手，除了準備充分的資料外，還要善於引導對方創造共同的價值需求。

一句話學談判

永遠要多試一次。在談好後，可以再要求，爭取更多好處，不過不要太多。

7 了解不同的談判特色——我的房子不愁賣

不同的談判具有不同的特色，把握好這些談判特色，才能使談判順利進行，達到談判的預期效果。

皮普在市中心地段有一家飯店，但是競爭激烈、管理不善，生意越來越清淡。再加上還要按時繳納各種費用，讓他每天都筋疲力盡，就想不如把飯店轉讓出去，也落得清靜。當初他為了裝修這家飯店，花費二十多萬元，便想著怎麼能夠把成本給撈回來。

一天，來了一個客戶，有意買下皮普的飯店。來者很小心地打聽飯店的經營情況和轉讓原因，皮普說：「我這飯店因為處在黃金地段，所以生意一直不錯。至於轉讓的原因，那是因為我太太在另外一處投資了蛋糕加工事業，她自己忙不過來，所以，我打算盤掉這家飯店，過去幫她。」

「是這樣啊，還以為是生意不好做呢？那你這家飯店打算賣多少錢？」

「我是個痛快人，一口價，四十萬。」

「你這要價也太離譜了，我想買、你想賣，價格總要差不多才行。」

「我的要價並不高，你看看這位置，寸土寸金，還有我這裝修，豪華又體面，光裝修，我當年就投入了五十萬元。我經營這麼多年，結下很多老客戶，如果不是為了幫妻子，我才不捨得賣掉。」

「可是你的飯店裡的很多設施都需要換掉，比如，你用的老式空調冷氣機耗電量太大，還有飯店房間的設計也不合理，包括燈光、線路都要重新改造。我們就是接手了，也不能直接用，還要投入很多資金。你想想，再算上你要的四十萬，我們的投資是不是太大了？我們不得不考慮成本，太貴是無法接受的。」

其實客戶說的話有道理，皮普心裡非常清楚自己飯店的情況。不過，他覺得如果一開始要價太低，那麼一經砍價，自己的利潤就少多了。所以，他想，不如把價錢抬高一點，再看人家給什麼價。

「價格可以再商量，不過基本上也沒有太大的空間，這是仔細考慮過的。正因為不想在討價還價上浪費太多時間，所以我將價錢定得很低。」皮普仍然不鬆口。

有的時候越堅持越出現效果，如果把價錢一下子說出來，反倒讓買主覺得這飯店不值錢。所以皮普說：「看來你們的確實想要這家飯店，這樣吧，我把價錢再讓一下，就三十八萬吧，我從來沒有想過會以這個價格轉讓飯店，你接過來就知道它有多麼物超所值了。」

皮普的態度讓買主心裡覺很有成就感，好像皮普所說的利潤已變成大把鈔票，所以經過一番討價，他很愉快地與皮普簽訂了轉讓協議。

談判教戰指南

舉凡採購談判、代理談判、技術合作談判、合資談判、收購兼併談判、國際商務談判等不同目的的談判，都會表現出不同的特色，每一種談判都有其側重點和目的訴求。為此，要針對不同的談判內容，採取不同的談判手段與策略。

☆銷售談判—側重點是在彼此了解產品的詳細情況基礎上，重點放在價格，風格表現在討價還價，想盡辦法平衡價格，找到雙方產品利益的契合點。

☆代理談判—是一種仲介談判。在廠家和市場之間，尋找、建立一種通道。其談判的特色，表現在雙方對彼此缺點和不足的較量上。目的是抓住對方的劣勢，抑制對方的優勢，為自己爭取盡可能大的利潤空間。

☆技術合作談判—當然要緊扣技術做文章，雙方會對技術的優劣和可靠，進行針鋒相對的較量。尤其在比較其他廠商的技術方面，雙方會不遺餘力。透過對比其他廠商技術的優劣，抬高自己的談判籌碼，爭取到有利的談判位置；有的也會因為自己的技術先進和獨特，作為要脅對方的手段，迫使對方做出更多的利益讓步。

☆合資談判—雙方往往在各自有利的資源上下足工夫，不管是資本還是市場，或者自然資源，都可能成為談判的關鍵所在。對各種資源的評估，有時會決定談判走向，成為雙方爭奪的焦點。

☆收購兼併談判—要複雜一些。針對不同企業特點，會表現出不同的談判特色。有些收購兼併是為了擴大規模、有的是為了開拓市場、有的是為了取得技術。不管出於什麼目的，收購兼併談判都比較複雜。被收購兼併方，一般都處於劣勢地位。在這樣的談判中，如何保證雙方的共同利益，是談判的核心。

☆國際商務談判—牽扯到不同的國家和地區，一般普遍遵循國際談判準則。

不同的談判會帶來不同的問題，針對不同談判的特色抓住重點，採取不同的談判策略，揚長避短，實現談判設定的目標。

一句話學談判

百分之八十的讓步，通常在最後百分之二十的時間讓出。

8 查明底細再下注——天上不會掉餡餅

要想查明對方底細，必須廣開管道，調動各種因素，採用各種手段，摸清對方的心理預期，尤其要防範對方利用欺詐手段贏得談判，或採用虛假資料，弄虛作假，蒙混過關，騙取信任。

一天，茱莉亞興致勃勃地對好友說：「我決定買下底特律南部的三塊地皮，投資房產。」

「是嗎？說說你的理由。」

「是這樣，目前房價一直不斷上漲，今天我看到一則消息說，迪士尼總部準備在底特律南部成立分公司，我判斷那個地方的地皮很快就會飛漲，如果買下來全部蓋上房子再出售，你說我是不是會狠賺一筆？」

「聽你這麼說，前景的確很不錯，不過我總覺得哪裡不對勁。比如說，報紙的消息有多少可靠性？再比如，你有沒有請專業的部門勘察過，那裡到底適不適合建樓房？最關鍵的一點就是，如果真是眼看就要升值的地皮，會有很多人爭相購買，會導致地價上漲，而你的競爭對手到底有多少？」

好友的話提醒茱莉亞，她說：「這張報紙是在喝咖啡時，別人塞給我的，這三塊地皮要價還可以，不算高。」

「可是你想過沒有，如果真是如你想的那樣，這些地皮根本就不愁賣，也許早被那些房產大亨給買走，為什麼還要在報紙上刊登廣告？」

「這裡面有什麼不為人知的內幕？」

後來，好友透過熟人找關係一打聽才知道，原來那塊地皮早被地質部門勘探過了。由於地質結構的原因，根本不適合蓋樓。這已是房地產商圈內公開的祕密，可是地皮主人又急於脫手，就在報上刊登了那樣的廣告。

談判教戰指南

詳細全面了解對方底細，是談判工作的重要組成部分。

在確定談判對象後，就要開始全面蒐集對方的相關資訊。可以派員去實地考察、多方打探、盡可能摸清對方底細，包括企業規模，經營狀況，市場規模，產品品種價格、品質，技術儲備，企業文化和社會信譽等資訊。

在了解對方的詳細情況後，就要有針對性地深入調查與本次談判有關的對方底細，例如，參與談判的人員構成、談判的目的、談判的期限、談判的規模、談判的底線等。

要想摸清對方底細，還要深入對方經營管理的市場內部獲取第一手資料，確保資訊的準確和可靠。

建立資訊蒐集順暢的管道，保持資訊的時效性。第一時間把握對方的情況變化，不能使資訊停滯，造成被動的局面。

對方底細，不僅包括對方企業內部的談判資訊，還包括對方談判的背景和所處地區的經濟環境。例如，政府的政策是否有利，社會環境是否安全，交通運輸是否順暢、便捷，是否潛在著戰爭等不可抗拒因素等。

這些大環境因素，將會左右談判結果，所以必須摸清、摸透，以免掉進經營陷阱。對談判的交易方式也要詳細調查、了解，嚴防談判交易欺詐，或利用不同地區的時間差異設置談判誤區，投機取巧，使談判落入對方的圈套。

總之，若能越清楚了解對方的底細，知道越豐富全面的資訊，越有利於談判結果的公平合理和執行。

一句話學談判

遇到棘手問題可以先放一放，去解決別的問題；待別的問題解決後，本來的問題反而不是問題了。

9 交換條件就是互相刺探——阿德買鋼筋

談判雙方的信任是對等的。為了獲取對方的相關資訊，適當給出本方的相關資料、資訊，既是一種相互信任的表示，也是一種獲取資訊的有效手段。

阿德在房地產公司擔任總裁時，經常會為水泥鋼材等原材料四處奔波，與供應商談判。

有一次，在一個建築材料招標會上，他看中了一家公司的鋼材。這家公司的推銷員叫財旺，當他遞上自己的名片時，對方立刻表現出很高的興致，因為每一位做鋼材生意的推銷員，都願意與房地產商交往。

阿德告訴財旺說：「我的房地產公司每次的訂貨量都很大，為了原材料供應及時，所以很多時候，我同時與幾個鋼材供應商有聯繫，當然除了價錢合適以外，品質也非常重要。」

「我們公司的信譽一直很好，生產的鋼筋，也透過了延伸性能與焊接性能的品質認證，再加上我們的證件齊全，所以這幾年在市場上銷路一直不錯。」財旺回答。

「我曾接觸過一些小型鋼廠的推銷員，他們為了保證自己的利益，總是在一些小節上與我爭執不休。比如明明談好了價格，可是到了送貨的日子，卻不願意送貨上門，或者說明明答應送貨，卻偏偏遲到幾天，或者裡面夾雜一些次等的鋼材。每次合作總有那麼一點遺憾，我打算以後不再用他們的鋼材，所以一直在尋找新的合作夥伴。」

阿德的話一語雙關，既表明自己的實力，又表明自己已厭倦從前那些合夥人的做法，有意尋找新的合夥人。

財旺不慌不忙地回應著：「我們做生意從來不摻假，如果說送貨上門，根據路途的遠近，我們會加收一定的運費，這是公司的規定。」

「不過，我原來的那些供應商，也不是一無是處，他們總是允許我有很長的帳期，要知道房地產的資金周轉期比較長，從投入到資金全部回收，大約需要一到兩年的時間。」

「資金緊張是每位投資商都會遇到的問題，這個能理解，以後合作多了，彼此就有了信任。不過，這個我說了不算，還要回去請示董事會。」

財旺的態度很誠懇，他想讓阿德知道自己的鋼材是不愁銷路的，而且也很規範財務管理。從談判中，阿德知道財旺的鋼材公司有品質上乘的鋼材，和一套嚴格的財務制度，而自己的財物狀況卻是一團糟。

向對方提供交換的資訊條件可以是全面性的，包括自己企業的規模、企業戰略、經營方針和目標、管理狀況、產品種類、價格等資訊，還可以提供參與談判的團隊專業資歷、簡介，理想的談判目標，談判的計畫期限等詳細資訊。

談判之前，也應主動向對方提供己方的市場訊息資料，例如，談判涉及的交易商品的市場需求量、供給量，市場發展前景，己方產品的市場銷售通路，市場的結構分布，地理差異，交通運輸狀況，所處市場的政治、經濟大環境等。甚至是己方商品的交易價格，以及各種優惠折扣的政策措施、廣告策略等。

市場情況千變萬化，把己方的市場情況介紹給對方，能夠增強雙方的信心。主動將談判中，涉及到己方的交易品詳細資料提供給對方，包括商品名稱、品質、包裝、分類、各種認證、運輸方式、價格、促銷優惠政策、支付手段等資訊資料，以便對方對談判的內容有充分的了解，增強信任。

為對方提供資訊材料的重要目的，就是為了獲取對方的資訊、刺探對方的情況。所以，要非常誠懇地要求對方進行平等資訊的交換，提供相關的真實資訊材料。並能透過對方提供的資訊，捕捉到己方所需要的談判資訊，針對性地制定談判策略，爭取談判的主動，使談判盡可能建立在公平、合理的基礎上，並做到嚴謹完善，以免留下缺陷和漏洞。

一句話學談判

先勾起對方欲望，如果走了，對方不留你，再走回來責備對方的要求無理。

10 迂迴是為了包抄——我愛蘋果牌電腦

有些談判開始前，經過多方大量的資訊搜集工作，仍然無法摸清對方的底細，不妨採用磨蹭拖延、迂迴包抄的策略。軟磨硬泡，直到摸清對方底細、認清談判的結果，使談判沿著正確的方向進行。

日本川口市是一座很美麗的城市，在城市的一個小鎮上，新落成了一所小學。為了組建多媒體教室，學校的管理委員會打算購置一百二十部電腦。談判購置電腦的任務，由校長藤倉去完成。

通常市面上的電腦五花八門，有原裝的也有組裝的，價格也不相同，怎麼樣讓自己所買的電腦物有所值？校長藤倉在行動之前，就做了一番縝密的策畫。

學校準備購置電腦，對於幾個電腦代理商來說，無疑是一個好消息，他們每個人都希望學校能夠選擇自己的電腦。根據學校列出的對電腦主板、記憶體、硬碟、顯卡等方面的要求規格，他們各自都提出了自己所能承受最低的價格，其中價格最低的是蘋果電腦。

可是藤倉並沒有急於找蘋果的代理商談判，他想，這幾家代理商所給的價格是否還有降價空間？於是，他擬定一份信函，同時發給三家電腦代理商，信函的內容是這樣的：如果想得到這筆生意，那麼，你只需再往前跨一步就可以了，相信你們會做得更好。

幾天以後，他陸續收到三家電腦公司的第二次報價。這次的報價是這樣：前兩家都不同程度地下降了一些，而蘋果公司的報價仍然最低，所以，他選擇了與蘋果簽訂一份買賣合約。

談判教戰指南

迂迴包抄的辦法很多，可採取「蘑菇」戰術，故意藉故拖延談判進程，透過設置難題、提出問題、私下溝通等方式，引導對方透露自己的底細。

同時，還可以採用「聲東擊西」的方式，選擇多個對手展開談判，然後將對方競爭對手的資訊作為談判標準，刺激對方為了壓制競爭，而逐漸亮出底牌，一步一步逼迫對方完全暴露底細。

甚至還可以採用「明修棧道，暗渡陳倉」的策略，選擇兩個談判對象，經過比對，將目標對象放到暗處去談，大張旗鼓與掩護方談，用掩護方的優點與目標方的缺點進行比對談判。

比對內容包括產品因素比對，如品種、品質、性能、包裝等；價格因素比對，如價格策略、優惠折扣政策；市場狀況比對，如市場覆蓋、市場地位、市場潛力等；銷售方式管道比對，如銷售策略、儲運能力等；信用狀況比對，如企業的發展史、歷史積澱、履約紀錄、企業綜合素質等。

透過這些方面的比對，誘使處於暗處的目標方，為了贏得談判成功，給予比掩護方更有利的條件，提供更加真實可靠的資訊，逐漸降低自己的底線，以此達到自己的談判目的。

迂迴包抄是一種談判策略，實施過程中要把握好分寸與火候，不能弄巧成拙。要能從中發現最佳的機會和存在風險，並使迂迴戰術始終圍繞談判的目的展開。表面看似無序，雜亂無章，其實每一步都是為了接近談判目標、為談判成功創造契機。消除對己方的不利因素，盡可能按照自己設定的目標逼迫對方就範，使談判在己方認可的限度內，正常有序進行，調節、控制談判的方式和發展進程，把握好談判的準則和尺度。

一句話學談判

上場談判時，穿得舒服一點，但要讓自己看起來很有專業的形象。

CHAPTER 6

掌握談判技巧

一位教徒問神父：「我可以在祈禱時抽菸嗎？」請求遭到嚴厲斥責。

另一位教徒問神父：「我可以吸菸時祈禱嗎？」請求卻得到允許。

這兩個教徒發問的目的和內容完全相同，只是談判語言表達方式不同，但得到的結果卻相反。由此看來，談判技巧高明，才能贏得期望的談判效果。

1 聽出弦外之音——有口難言的超市老闆

聽出對方的弦外之音，清楚對方表達的意圖，並依據對方的真實意思，採取針對的措施，對症下藥，化解對方的難題，使談判按照正常軌道運行。

一家大型超市，從一個家電供應商那裡訂購了一批冷氣機。當時，說好交貨日期是七月十日到十五日之間。可是由於天氣變化，六月中旬時，天氣就酷熱難耐，每天家電超市的冷氣機銷售區都圍滿了人。短短幾天內，幾款冷氣機都銷售一罄。這時，超市主管打電話給供應商，要求冷氣機發貨時間提前到七月一日。供應商那裡早已備好貨源，就等著發貨，可是他並沒有痛快地答應主管的要求，而是在電話那邊沉默了一會兒說：「現在是空調冷氣機熱銷季節，再加上天氣突然轉暖，很多大型商場都追加了訂貨量，有的甚至把貨款提前匯入我們公司帳戶，我想很難在七月一日把貨發過去。」

商場主管知道冷氣機熱銷的現象就在這幾天，如果斷了貨源，那就只能看著別人賺錢。

最關鍵的是，晚幾天後，冷氣機發過來，不管自己的銷售情況怎麼樣，都得必須按合約收下冷氣機，把貨款匯過去，弄不好還會給自己造成貨物積壓，以及資金占壓的情況，那樣對自己很不利。他現在是有求於供應商，所以盡量猜測他的意思，順著他的意思說：「幫幫忙吧，我也可以把貨款匯過去。」

「沒有什麼好辦法，實在不行，我只能從別人的訂單裡撥一部分冷氣機給你，不過這是最不可取的辦法。因為公司要拿出一部分違約金，這恐怕董事會很難通過。」

供應商的意思很明顯，他已在有意識地抬高價格，主管也看出來了，但這時候卻只能慢慢商量，看有沒有緩和的餘地。無論怎麼談判，只能把自己的利益放在第一位，但與此同時，還需要盡可能遵照供應商的意思，越在這個時候、越不能激怒供應商。

他想來想去，明白供應商的意圖後，冷靜下來。雖然貨款可以提前匯過去，但自己如果再付供應商違約金，就太不划算了。沒辦法，超市主管只得私下把供應商請出來面談。他告訴供應商：「我也是有難處的，看在老朋友份上，你怎麼也該幫我一把。生意場上，我們今後還會有更多合作的機會，想辦法讓大家都有飯吃，才是最好的結局吧 。」

商場主管的態度讓供應商心裡竊喜，因為充足的貨源早就備在倉儲房了。

談判教戰指南

在談判過程中，為了爭取主動，贏得談判，雙方都會採用各種談判技巧，其中透過案例或者故事，進行暗示和啟發的弦外之音，就是一種有效的談判策略技巧。

對方之所以會發出弦外之音，一般會出於以下幾個方面的考慮：

1. 試探一下己方的態度和底線，透過對弦外之音的反應，進一步摸清己方底細。
2. 傳遞自己的態度和期望值，藉以表明自己的立場。
3. 談判初期，很多要求和標準不便直接說出口，以免造成尷尬和僵局。
4. 傳遞其他競爭對手的資訊，提示己方不是唯一談判的對象，不能漫天要價、不能不知進退、要見好就收，否則就會與其他的談判對手達成協議。

發出弦外之音的方式很多，常見的有說故事、列舉案例和利用他人之口講出自己要說的話等幾種方式。

☆故事可以是寓言，也可以是傳說，目的是透過故事的內容傳達自己的立場觀點，表達自己對合作事項的認識，或者反駁對方提出的異議，爭取對方的理解，說服對方，彌補己方存在的這樣、那樣的缺陷。

☆列舉案例，和講故事的效果與目的差不多，透過真實事例，用事實說服對方，接受自己的觀點和認識，爭取談判的主動，使對方按照自己設定的談判思維進行談判。

☆借口說話，一般是借助名人的談話、名人的語錄等方式，表達自己的觀點或否定對方的觀點。

聽出對方的弦外之音並不難，如何應對對方的弦外之音，是應該仔細考慮的事情。根據己方的實際情況，以及談判進程需要，可以採取以下方式：

☆對症下藥，從對方的弦外之音發揮，直截了當提出自己的觀點和看法。

☆以其人之道還治其人之身，透過弦外之音回敬對方，表明自己的態度，又不因為太直接而傷了對方情面。

☆裝聾作啞，故意裝作沒有聽出對方的弦外之音，將對方的態度和觀點置之不理。

一句話學談判

任何談判不要持續超過兩個小時以上，這會讓你陷入頭腦不清醒的境地。

2 詭辯及其破解——別以為這世上只有你聰明

所謂詭辯就是有意地把真理說成錯誤，把錯誤說成真理。用一句簡單明了的話來說，就是有意地顛倒是非、混淆黑白。

一大早，宗霖就接到阿豪打來的電話，說晚上大家聚一聚，好久沒有在一起開心了。晚上，大家興致很高，只是阿豪的脾氣有些古怪，他認為這樣的場合不該帶老婆，可是宗霖卻把老婆帶來，這讓他有些反感。再加上多喝了幾杯，說話就有些冒失，他說：「我那老婆，比起你們來差遠了，我通常不帶她出來。」

阿豪話中有話，宗霖的老婆聽得出來。她想，這傢伙沒安好心，我得想辦法羞辱他。想到這，宗霖的老婆為阿豪倒滿了酒，端起自己的杯子說：「來，你算得上是一個成功的男士。」她的話還沒說完，阿豪就喜笑顏開，他以為宗霖的老婆是給自己的成功祝賀。緊接著，宗霖的老婆又說：「俗話說，每一位成功的男人背後都有一個偉大的女人，咱們為這個偉大的女人乾杯！」

宗霖的老婆話音剛落，阿豪就有些不好意思了，他一臉尷尬地說：「好，好，乾一杯，為偉大的女人乾一杯。」

從那以後，阿豪再也不敢小看宗霖的老婆，更不敢在她面前說三道四了。

談判教戰指南

無論簡單還是複雜的談判，雙方都會試圖找出對方短處、找出對方的缺點和不足，以此來壓價或者提出對自己更有利的條件，把握談判的主動。針對這種主動進攻式的提問和質疑，防守方往往會進行辯解和辯駁。

在這種情況下，如何破解對方的詭辯，也是談判的技巧之一。

一般情況下，任何產品、專案和服務，都有其局限性，都會存在各式缺點和不足。抓住這些缺點和不足，壓低對方的價碼或限制對方的條件、追加自己的條件，不失為一種有效的利器。這樣可以迫使對方處於談判的被動地位，爭取自己的主動。

對方當然不會束手就擒，坐以待斃，往往會使出各種各樣反擊的方法進行辯解。有的實在沒有辦法就會進行狡辯。狡辯的方法多種多樣，有的閃爍其詞；有的顧左右而言他；有的張冠李戴，移花接木；有的製造假象，大擺迷魂陣，七拐八繞，試圖將己方引入歧途，繞開關鍵問題；有的本末倒置，故意混淆是非，試圖將談判拖入有利自己的軌道；有的強詞奪理，美化不足，力圖掩蓋自己的產品或者專案存在的不足。

破解對方詭辯最直接有效的招數就是單刀直入，直奔主題，牢牢抓住對方的短處，不管對方如何詭辯和引誘，不為所動。抓住一點，直接攻其要害，不迫使對方就範，絕不放手。

要做到這一點，必須意志堅定，絕不為對方各種說辭和理由所動搖。即便是話題已繞開，也要想辦法拉回，讓對方無處躲藏，不可迴避，直到在這個問題上達成共識。

第二種辦法是放棄為對方的詭辯反駁，提出其他條件與對方的短處對衡，要態度堅決，不糾纏細枝末節，讓對方的詭辯不攻自破，為己方爭取更多的談判利益。

第三種辦法就是用第三方的產品或服務進行比對，用事實彰顯對方的短處，使其找不到詭辯的理由。

第四種辦法就是終止談判，不給對方詭辯的機會，等對方等得不耐煩時，重啟談判，迫使對方承認自己的短處，接受談判的條件。

一句話學談判

在談判室裡，最好備有鐘表放在大家都能看到的位置，這樣可以掌握談判節奏。

3 欲擒故縱有分寸——誇你是為了宰你

欲擒故縱是談判中一般都會採用的策略和技巧。使用欲擒故縱的方法，目的在吊起對方的胃口，打壓或抬升對方的價碼，獲取更多的利益。

在一次大型服裝發布會上，曼谷一家服裝公司推出幾款秋季女裝，引起道爾的極大興趣。他當即馬上決定聯繫這家公司的業務員，表示想跟他們交個朋友，談談服裝的事情。

在談判桌上，這個公司的業務員可不是一個好對付的人，他叫韋德，一看就是一個很嚴謹的人。第一印象就讓道爾覺得他們的談判會像業務員那身的衣服一樣，沒有一點轉圜餘地。要想找到談判的突破口，看來還得縝密的思考一番。道爾知道，商人都是圖利的，他們最大的願望，就是把自己手裡的商品變成錢。

「服裝的款式不錯，看來會成為今年流行的主要趨勢。」道爾很恭維地說道。

「是的，我們公司高薪聘請了一位知名的服裝設計師，專心致力於女裝設計。所以，在每次的服裝發布會上，我們都會有很多款新穎服裝展現給客戶挑選。」

「這次展銷會上，你們的訂單怎麼樣？」

「不太樂觀，只完成了任務的百分之六十。」

「為什麼？」

「原因有多種，參展的商家都很有實力，每家公司都有自己的王牌，還有就是價格也是其中一項原因。」

「商場如戰場，每家公司都有自己的品牌意識。我進貨也一樣，我平時進的都是高價服飾。很多情況下，名牌是身分的象徵，大家對此也捨得花錢，所以價格也賣得上去。」

道爾的一席話，讓韋德覺得眼前的這個採購商來頭不小，進一步的談話也證明了他的推斷。道爾身後有一個龐大的服裝貿易公司，自己的服裝完全可以透過他打開市場，更何況自己還有百分之四十的計畫沒有完成，再說跟這樣的大公司合作，會省去很多不必要的商業糾紛。

想到這裡，他對道爾說：「如果你對我們的服裝感興趣，我們可以討論一下價格的問題。」

對手開始逐漸走入自己的圈套，這讓道爾的心裡暗自竊喜。不過，他表面上很冷靜，知道離展銷會結束還有三天，自己要好好利用這三天的時間，在上面做一些小文章。他隨即拿出幾份合約說：「我打交道的服裝公司很多，你看，這是我在本次展銷會上簽的訂單，這裡有我跟著名的溫莎公司的訂單，基本的價格都在三十到四十美元之間，你們的價錢是不是有點高呢？」

韋德對道爾的話卻不以為然，他說：「不要光看價格，貨比三家，比的不只是價錢，更重要的是比品質。」

「這樣吧，我給你平均二十五美元一件，你要是覺得合適，就聯繫我，並且我還可以預支百分之三十的貨款。如果你覺得不合適就算了，你可以繼續尋找另外的買家。」

道爾相信自己開出的條件對韋德有很強的誘惑力。果然，第三天，在展銷會接近尾聲時，他接到了韋德的電話，電話裡邀請道爾重新回到談判桌前，願意接受道爾提出的價格。

談判教戰指南

欲擒故縱的方法很簡單，就是在談判的關鍵時刻終止談判，表示對方的條件或報價不可接受，談判沒有必要進行下去，應立即終止，重新尋找談判方。

使用這一招，要建立在以下幾個基礎上：

1. 摸清對方底線，了解對方心中的理想成交價。

2. 了解對方對這次產品或專案的依賴程度，如果是勢在必得的談判，方可採用這個方式。

3. 了解對方的談判期限，如果談判期限很長，對方不急於得到談判的結果，採用這種方法就要慎重考慮。

4. 了解自己競爭對手的情況，不能讓競爭對手乘虛而入，把對方搶走。

有了這幾個方面的基礎，在運用欲擒故縱的策略時，充分吊起對方胃口，增加其達成談判的急迫性，促使其就範。

運用欲擒故縱的方法，最重要的一點就是把握住分寸和火候。火候輕了，對方不以為然；火候重了，對方可能就會真的放棄談判而尋找新的談判對手。因此，需要談判者非常豐富的談判經驗和超人的膽略智慧。

一般情況下，欲擒故縱的時機，應該在接近談判目標的時候開始實施，或雙方的談判已達到對方心中的理想位置，抑或對方談判期限的尾聲，在這個時候戛然而止。關鍵時刻才能引發對方的焦急心理、才會答應己方提出的條件，迫切要求重啟談判，收到理想的談判效果。

一句話學談判

就算你在拖延，也要自然一點，而且不要每次都拖延，這樣會被對方看穿。

4 妙答不是搶答——你的問題提得好

任何談判都是一個雙方交流、溝通的過程，其核心方法就是進行語言交流。

阿力在房地產銷售的過程中總會遇到一些刁鑽顧客，不管買不買，他們首先都會對房子品頭論足挑剔一番，並且總有稀奇古怪的話題。但在阿力看來，這是可以理解的，因為每一個來買房子的客戶之所以對房子百般挑剔，原因是為了讓商家的降價給自己找到合適的理論根據。

一天下午，銷售中心業務大廳來了夫妻二人，他們仔細看過房子的戶型之後，竊竊私語了幾句，然後臉上露出一絲猶豫。這時阿力走過來問他們：「兩位覺得這幾款戶型怎麼樣？看中那一款了？」

「每一款都有點不盡人意的地方，比如這間二十七坪的，南邊是臥室，北面是廚房，客廳在中間，採光肯定不好。再比如這間四十二坪的，如果把通向陽台那扇門換成玻璃推拉窗就好了。」

阿力笑了，這哪裡是來看房子，簡直就是審查房子結構的。他知道挑剔的客戶都有潛在的購買想法，所以便想辦法面對他們挑剔的眼光。他隨即跟夫妻二人說：「你們說得很對，這款小戶型在當初設計時考慮得不周全，不過它的價位很低，現在已快賣完了。今天上午還有兩個電話預定，約好星期天來看房。至於這個大戶型，你們完全可以買回去後自己重新裝修，因為不是每一位客戶都喜歡推拉窗。不過就我自己來說，還是很喜歡推拉窗，你們很有眼光。」

夫妻二人的挑剔得到了阿力的讚賞與肯定，心裡非常高興。他們又看了看別的戶型，同樣指出了一些優點和不足。阿力知道，挑剔是每一位客戶固有的心態，無論買哪個房地產公司的房子，他們都會挑剔，就看自己如何對待這種挑剔、化解這種情緒了。因為自己的目的是要讓他們把錢從口袋掏出來，所以怎樣對待他們挑剔的眼光、怎樣回答他們的問題，讓他們心滿意足才是最重要的。

最後，阿力送給了夫妻二人一張名譽顧問的卡片，跟他們說：「我代表公司誠懇地聘請你們為公司的業務顧問，歡迎你們以後隨時來指導。」

挑剔的客戶如果不打發好，他們最容易把看出來的問題轉述給他人，間接減少了自己的成交量；而把他們聘為顧問，他們便很自然地為自己說話了。

談判教戰指南

問與答在談判的語言交流中，扮演至關重要的角色。不同的提問和回答，可能會引發不同的談判進程和談判結果，如何巧妙運用問和答，是談判者應該必備的修養。

談判中，問要問到核心和關鍵處，一針見血，直指要害，才能發揮問的作用。不僅要勤問，還要會問。而怎樣針對對方的提問進行回答，更能考驗談判者的應變能力、知識儲備和文化修養。

要想在談判中回答巧妙，談判前要做好各項準備工作。

1. 要對己方的產品、專案或者服務成竹在胸，包括產品或專案細節。對己方所處的行業狀況、在行業中所處的地位、行業發展前景，以及整體經濟情況，都要有充分的了解。

2. 要有廣博的文化知識修養，不僅是本行業的專業知識，還包括政治、經濟、文化、藝術、法律等方面的知識。淵博的知識修養，是談判中妙答的基礎。

談判中妙答的方式很多，可以引用一句名人的話、一句古詩，也可以講個故事、談個笑話，還可以故露破綻給對方。

回答的語言盡可能風趣幽默，回答的方式切忌生硬，盡量委婉含蓄，既可以答非所問轉移視線，也可以一語中的，一針見血。

對於專業的數字和術語，回答時要準備充分，脫口而出。既可以妙語連珠，也可以簡短解說，惜字如金。根據具體的語境和具體的內容，選擇合適的回答方式。

回答對方的提問，最好不要搶答。對方提出問題後，要沉靜數秒鐘，以示尊重。回答時，語氣要和緩而不能生硬，不要頂撞對方、不要認為對方的提問簡單或是刁難而拒絕回答。

回答時，可以配合一定的肢體語言，但不要誇張，不能虛張聲勢，最好面帶微笑，侃侃而談。

巧妙的回答可以促進談判往良好的方向發展，惡劣的態度可能會破壞談判，所以如何運用回答技巧，是談判者需要認真對待的事情。

一句話學談判

談判時，可以適當地時候運用你的幽默感，但是不要讓自己表現得很精明、很能幹。

5 拿捏好威脅的尺度——缺少合格證的軸承

威脅對方，作為一種談判技巧，運用得當會起事半功倍的效果。這種方法的運用，就像催化劑，目的是為了加快談判的速度，早日促成談判成功。

某公司新投資了一個項目——生產挖掘機，為了能夠進到品質上乘而價錢又合理的軸承，公司總部派細心的耶魯去完成這項任務。生產軸承的廠家很多，當然首先要考慮廠家的資歷，特別是今後如果建立長期的供貨關係，更得嚴格把關。與耶魯同去的還有技術部的一個軸承方面專家，經過一番考量，他們最終選定了A公司的產品。這家公司成立三十年了，給很多的機械製造業生產配套的軸承，當然，這都是耶魯搜集的資料，至於真實與否，還得實地考察一番。

A公司位於距離本地七百公里的內華達市，六個小時後，他們到了A公司。他們在內華達市受到A公司談判代表的熱情接待，談判在一片融合的氣氛中開始。

A方代表首先向耶魯介紹本公司的一些基本情況，他說：「我們公司成立很早，現在的銷售網路已遍布世界很多的角落。我們最注重的是技術和品質，而且隨著用戶的要求越來越高，我們也一直有新的突破和提昇。」

「貴公司的產品的確很好，可是價格也不菲啊，就拿這款滾針軸承來說吧，你們的價格基本上要比別人高出三分之一。如此高的價格，是我們談判中最大的障礙。」

「你們要的可是大型挖掘機上的滾針軸承。俗話說，好馬配好鞍，挖掘機要是配品質很糟的軸承，後果可想而知。表面上看似省錢，可是在用戶那裡，如果除了品質問題，平添麻煩不說，鬧不好耽誤人家的工期，最後矛盾鬧大，訴諸於法庭的都有。」

對方的話看來無懈可擊，談判讓耶魯和他的助手一籌莫展，怎麼才能打開突破口呢？這時助手翻看A公司的資料，尋找一些機會，突然他發現軸承合格證的簽發日期是十年前，就是說他們現在的合格證書已到期。助手立刻提出結束談判，他的反應讓談判雙方都很詫異，問及原因，助手說：「你們的合格證已到期，我們絕對不買沒有合格證的產品，因為有時候我們需要向長官出示挖掘機重要零件的合格證，其他的製造商也一樣。如果沒有合格證，誰敢貿然簽合約呢？」

談判的局勢此起彼伏，助手的話讓A談判代表立刻沒有了先前的氣勢，不過他說：「這個不是問題，我們新的合格證也快批下來了。」

耶魯和他的助手已在收拾自己的談判資料，準備撤離談判桌。到手的鴨子怎麼可以讓它飛了？A方代表趕緊說軟話：「要不這樣吧，如果你們有意想買，我們把價格下調，然後再給你們補上合格證。」

聽了這話，耶魯二人暫停收拾的動作，他們想了想說：「也好，既然大家都有誠意，不如各讓一步，就按你說的辦也行。」

一場微妙的談判把握好分寸，最後落得個皆大歡喜。

談判教戰指南

這種威脅，是一種技巧上的威脅，也可能是發自內心的威脅，還有可能是心虛的一種表現。

威脅，顧名思義就是用威力使人服從。談判中的威脅，可能是黔驢技窮的一怒，更多的是作為一種策略使用。

這種辦法的使用，要看準時機與把握分寸，才會取得應有的效果。時機的把握非常重要，不能動輒使用威脅，不能隨時隨地使用威脅。

在一次談判中，不到萬不得已，一般不使用威脅。俗話說，人都是長大的，沒有誰是嚇大的。只有在談判陷入僵局，對方猶猶豫豫，而自己又占盡優勢的時候，才可以採用威脅手段。

威脅的分寸不能太輕，也不能過火。輕了引不起對方的注意，重了可能會適得其反，真的嚇跑了對方。

威脅的內容一般包括以下幾點：

1. 價位上的威脅，威脅對方不答應自己的報價，就提價或降價。
2. 數量上的威脅，減少供貨或追加數量。
3. 期限上的威脅，限定時間完成談判，否則終止談判。
4. 第三方威脅，揚言對方不答應，就與第三方進行合作。
5. 附加條款威脅，如果對方在規定期限內不答應，就會增加新的條款。

威脅的手段不外是為逼迫對方早日答應談判內容，否則就會增加談判難度，付出更多代價。提醒對方，目前的談判條件是最合適、最有利的，如果不能快速完成談判，後果不堪設想。

一般情況下，談判者要慎用威脅的手段，起碼要具備相應的條件，也就是有了威脅的資本時，才可視情況需要而使用。其中最重要的條件是自己占據談判主動，除了自己，沒有能滿足對方需求的第三方競爭者，自己的談判條件具有唯一和獨特性。要有恃而恐，不能虛張聲勢，那樣不僅嚇不住對方，反而會被對方所制。

一句話學談判

尊重你的談判對手，永遠不要損害對方的尊嚴。

6 給對方找台階——佩萱的生意經

談判中每一次互讓台階，都是向談判目標接近一步。巧妙為對方找台階，既體現談判者的智慧與經驗，也體現談判者的誠意。

佩萱想賣掉自己的房子，這間房子地處市中心的黃金地帶，位置非常好。廣告打出去後，來看房子的人絡繹不絕。因為位置的原因，再加上這幾年，房產市場價格飛漲，所以佩萱打算向買方要價一百五十八萬。剛開始時，佩萱對自己的要價非常有信心，她經常給一些前來看房子的人做一些同價對比的例子，例如買方在看完房子後，首先，問到的就是房價問題，而這時佩萱就會說：「就在這附近，三年前，同等面積的房子已漲到一百五十萬。而這三年裡，房子的價格一直不斷上漲，我要的價格並不高。」

「可是房子畢竟年久失修，我如果買了還得再投資裝修，那費用就更多了。我必須考慮我的經濟條件，暫時拿不出來這些錢。」

「這不是什麼大問題，如果你真想買，我可以幫助你辦理房屋信貸。當然退一步說，如果你真拿不出來這些錢，欠繳的部分你可以打欠據，等以後再補上。再說我也有自己的難處，比如辦理過戶的手續費，還有個人所得稅，也是一筆很大的開支。」

本來很嚴肅、很謹慎的談判，如果買賣雙方都盡量去為對方考慮，那麼談判的氣氛就會融洽很多，最後成交的可能性就很大。

「可是所得稅是按成交價來算的，你要的房價越高，你所繳納的所得稅就越多。你看，一邊是我沒有這麼多錢來買你的房子，而另一邊呢？你收了房款還要去繳納高額的個人所得稅。不如我們大家都退一步，你把房價再讓一部分，我呢，也可以暫時不急著辦理房產過戶，等過一段時間再說也可以。這樣你既得了錢，又少繳稅，我還可以少花一些錢，把省下的錢放在裝修上。」

佩萱見過很多有意來買房子的人，對方一看價格與心裡的成交價有很大的差距，連商量也不商量，就直接算了。如果自己緊咬住價格不放，那是很難成交的。但是給對方找個台階，大家你讓一步、我讓一步，最後成交才是雙贏。

談判雙方的交鋒，往往會你來我往，波瀾起伏，有時和風細雨，謙讓有加；有時又會電閃雷鳴，針鋒相對，毫不相讓。

談判的過程一般都會一波三折，雙方一開始互不相讓，然後再互相給予台階，重新開始新一輪的較量。這個過程充滿了戲劇性，是一種智慧的體現。

如何為對方找台階，大有講究，不能盲目地不分場合和不分時機亂讓台階。給對方怎麼樣的台階，也要仔細斟酌，不僅要為本次交流找到合適的退路，還要為下次交流埋下伏筆。

為對方找到合適的台階，最重要的一點是自己要做到胸有成竹，知道在什麼地方、什麼時機，有幾個台階，能讓給對方，為接下來的談判鋪好路。

為對方找台階，一般有以下幾點：

1. 突然同意對方的觀點和認識，留下一句細節再商榷、需要再仔細考慮考慮的懸念，讓本來僵持的觀點峰迴路轉，重新回到融洽的氣氛之中。

2. 在價格或某條款上爭吵激烈，這時候，可以藉著為長久合作的名義，做出適當的讓步。這種讓步是在計畫之內的，不超出自己的底線，以此來把談判向前推進一步。

3. 在關鍵的價格或條款上毫無讓步，但提出可以給予其他方面的附加條款作為補償，從而給對方一個台階，使談判另闢蹊徑，重新回到正軌。

4. 口頭同意對方要求，但以需要請示上級主管或再商量為藉口，暫時中止談判，轉移話題，為對方找到台階、為自己留下退路。

退一步海闊天空，談判就是互相讓步、互找台階，一步一步接近談判目標的過程。找台階就是鋪路，不能將對方推到懸崖上晾起來，要上得去，下得來，談判才能順利進行。

一句話學談判

就算談判暫時陷入僵局，也要和對方保持情感上的維繫。

7 化解部下與對手的衝突——別為玩具傷和氣

很多首席談判不便直接表達的觀點，就要由團隊中的黑臉和強硬派來完成，這就避免不了部下與對方發生衝突的可能。

布萊克是一個遇事非常冷靜的老闆。有一次，他帶助手參加一個電子玩具產品發表會。在發表會上，一些人對他們公司新推出的一款電子遙控玩具很感興趣，紛紛圍上來詢問原理和價格。當一個採購商問他價格時，布萊克說：「要是批量訂貨，是三百元一個；零售價格會高一點，要三百八十元。」

「這價格也太離譜了，充其量不過是個電動玩具，就幾個零件，有那麼值錢嗎？我看頂多一百五十元。」

一句話惹惱了助手，他氣憤地說：「你懂什麼？你知道我們為了這個玩具投入了多少的人力、財力？聘請過多少專家？做過多少次實驗？別看你是個採購員，貌似懂得很多，其實你什麼也沒有見過。這款玩具採用了目前世界上最先進的電子感應技術，你懂嗎？」

採購商的本意是想找藉口壓一下價格，所以他裝出滿不在乎的口吻，卻想不到無端被布萊克的助手給搶白了一番，心裡很不服氣。他回敬道：「我懂不懂跟你有什麼關係？不過我告訴你，就憑你這態度，你的產品再好，也賣不出好價錢，不懂得和氣生財是賺不了錢的，只能賺生氣。」

布萊克趕緊過來解圍，他首先跟採購商說：「對不起，請消消氣，大家出門在外，風吹日曬的，都不容易，犯不上為一、兩句話動怒。再說了，多個朋友多條路，多個仇人多堵牆嘛。」

「我也沒說什麼呀，我只是半真半假地說這玩具沒有那麼值錢，那不過是砍價的一種方式。」

布萊克轉過臉來批評助手說：「你怎麼能跟客戶這麼說話？我們是出來參加展銷會的，不是來吵架。」

「可是你沒有聽見他的話嗎？貨賣識家，不懂就隨便發表意見，別人聽了會怎麼想？他以為這是在蔬菜市場討價還價嗎？」助手嘟嘟囔囔地說道。

「那你說話也要注意分寸，不懂你可以耐心地跟人家解釋，發火能夠解決問題嗎？」

這時那個採購商也說話了：「其實我對這款玩具很感興趣，所以才會特別關注它的價格。我直接面對市場、面對消費者，價格高低會直接影響我的銷量。」

「我們的玩具的確是請專家來設計的，投入了很大的財力。因為是初次投放市場，怕價格太高無人問津，打不開銷路也就收不回成本，所以這個價格是我們再三合議過的。」

「沒關係的，我說話當然也有欠考慮的地方，大家都是為了生意，價錢可以商量。」採購商聽了布萊克的話，態度也大為轉變。

「如果你真對這款玩具有興趣，價格我們可以商量，不過空間不是太大，原因你也知道，我們的成本在那裡放著，這是不得不考慮的因素。」

「這樣吧，既然你把話擱在這裡，我也不好再多往下壓價了，每個兩百六十元，行嗎？」

「再加五元吧，否則我們回去真的不好交代。」

最後，他們以每個玩具兩百六十五元的價格成交。

談判教戰指南

一個談判局雙方會有多名人員參加，每一名人員都會扮演不同的角色，起不同的作用。

如何化解部下與對手衝突，既是一種領導藝術，也是談判的技巧運用。

黑臉和強硬派與對方的衝突，肯定是預先設計、計畫好的，是一種談判技巧的運用，而不是真的與對方發生衝突。

什麼時候堅持己見，毫不相讓；什麼時候與對方爭吵，爭吵到什麼程度，這些都要設計好、把握好，不能隨意爭吵、胡亂爭吵、無節制爭吵。吵作為一種手段，要想運用合理，必須與白臉和作為清道夫的和事佬緊密配合，既要針鋒相對，又要能及時化解。其目的是表明己方的態度和立場，對對方進行威懾，又不能毫不讓步，徹底得罪對方，使談判破裂，那就失去衝突的意義。

部下與對手的衝突本質上是在演戲、在唱雙簧，以此中和談判氣氛、平衡談判條件。化解的方法是打壓、批評部下，給對方一個台階，把面子送給對方，使談判得以繼續進行。

黑臉和強硬派與對方發生衝突，不能無理取鬧，要抓住對方的短處或苛刻的條件；要以己方的優勢和強項為武器，擺事實、講道理，以此來讓對方明白己方堅定的立場和所受到的不公正待遇，促使對方反省自己的立場和條件。

達到這個目的白臉和清道夫就要適時出面，勸說雙方停止衝突，各自做出讓步。這個時候，黑臉和強硬派還要假裝堅持，做出寸步不讓之態。關鍵時刻到了，首席談判代表就要開口說話，先批評自己的部下，部下要借坡下驢，停止發言和衝突。然後，首席談判代表向對方表達歉意，白臉和清道夫敲敲邊鼓，雙方趁機各自下台，一場衝突就這樣巧妙化解。

檢驗這種衝突的效果是否合理，重要的一點就是重啟談判後雙方的態度。如果對方仍然堅持己見，毫不讓步，說明雙方談判的目標還有差距，還需要透過其他的辦法解決。

一句話學談判

談判陷入僵局，不妨找個仲裁人來做調和，千萬不要消耗在僵局裡面。

8 激怒之後哄一哄——談判桌上玩笑

在合適的時機激怒對方，是談判中的一種技巧。這種方法運用得好，能夠化解對方的優勢，找到對方的破綻，暴露對方的底牌，從而握住談判的主動權。

在談判桌上，一次與韓國人的談判真正考驗了日本人的耐力和毅力。那個時侯韓民智正擔任韓國一家手機製造公司的業務主管。為了滿足日益增大的市場需求量，公司最近正籌備從日本購進兩條生產線。而此時，日本的一家某手機生產線株式會社，正打算向韓國出售先進的手機生產線。韓國方面經過了解其性能與運轉情況，並確認引進可行。年初時，韓民智與日本株式會社打成了口頭協議，雙方約定，三月八日，由日方派代表來韓國本土進行談判。

談判很快進入實質階段，而談判之中最勞神、費力的就是價格戰。對方主要代表發言：「我們經銷的生產線，在日本是知名度最高的，是國際最先進的水準，全套設備的總報價是一百三十萬美元。」

說完，日方代表擺出一副毋庸置疑的神色。冗長而壓抑的沉默，使空氣像凝固了一樣。這時韓民智開口說：「這個價格太出乎我們的意料了。據我所掌握的情報，另一家跟你們設備性能完全一樣的產品，同樣從日本賣到韓國，價格僅是你們要價的一半。如果有誠意的話，還請你們重新報價，另外，我相信我們之間是有談判空間的。」

首次談判，就讓日本人碰了一鼻子灰。這一夜，日方代表基本未合眼，他心裡知道刁鑽的韓國人根本不會接受自己的第一次報價；如果不降低價格，看來這談判是寸步難行。想好這一切，他做了一個決定。第二天，在談判桌上，他說：「我既然從日本來到這裡，一定是抱著十二萬分的誠意。為了表示我的合作意向，我決定主動把價格下調到一百萬。在我所有出售的生產線裡面，從來沒用過這樣的報價，貴公司諸位代表也都是專業人士，就憑我們的技術性能和品質，你們在哪裡都很難買到。」

該不該簽字？韓民智決定再繼續擠壓一下價格裡面的水分，這時他跟助手使了一個眼色，助手起身說：「至於這個價格嘛，我們還得再考慮一下，另外，關於這個生產線的事情，還有幾家公司也要跟我們談判，所以我們的談判先到此為止吧。」

第二次談判在日方的讓步下，依然沒有絲毫進展，特別是韓方代表隨後的幾句話，讓他感到了談判壓力。無奈身處他鄉，對方占盡優勢，如果自己白跑一趟，那結果更讓自己不能接受。想來想去，他決定再次降價。

第三次，坐在了談判桌前，這次日方代表準備孤注一擲，甩出了最後的底牌，他說：「這樣吧，我把價格降到七十萬元，比原來的報價已降了將近百分之五十。我已仁至義盡，如果你們還不肯簽字，那就太苛刻了。」

「七十萬？還有降價的空間嗎？沒有的話，我們立刻結束談判，各自走人。」

「你們太過分了，我方已把價格下調這麼多，你們還在周旋。早知道你們這樣沒有誠意，我就不來了。現在不用你們說，我自己提出來結束談判，再見。」日方代表氣呼呼地收拾自己的資料準備走人。

沒想到，日方代表的話讓韓民智和他的助手態度來了個一百八十度的大轉彎，韓民智趕緊勸解說：「發什麼火嘛，生意場上，兵不厭詐。這樣吧，我們坐下來好好聊聊。」

韓民智主動緩和氣氛的態度，表明他已接受了這個價格，最後雙方以七十萬美元成交。

談判教戰指南

在什麼時候激怒對方，採用什麼方式激怒對方，激怒對方後怎麼收場，都要精心進行規畫和設計。不能輕易就採用這個辦法、不能毫無節制，否則就會弄巧成拙。

1.要對對方有全面、深入的了解，抓住對方的缺陷，從對方的短處入手，這樣才能擊中要害，令對方惱怒。

2.可以利用對方急於求成的心理，在談判關鍵時刻，突然提出新的報價或附加新的條款，以此讓對方氣惱。

3.可以利用第三方對對方的不利評價與言論，刺激對方、激怒對方。實施激怒對方的工作，一般不適合首席談判代表來做。最好由擔任黑臉和強硬派角色的人員來做。

談判中，激怒對方只是手段，不是目的。激怒之後如何收場，才是考驗談判者智慧的關鍵。

一般情況下，採取的策略是打一巴掌揉三揉。能激怒還要能哄好，既要讓火車跑得快，又不能讓火車跑出軌。哄的方式不一而足，要根據具體情況具體對待。

☆在禮節上做好文章，利用合適的機會和場合，向對方表達歉意，真誠認錯，讓對方的情緒緩和下來，重新坐到談判桌上，握手言和。

☆做出適當的、預謀好的讓步，讓對方既能感受到真誠的態度，又能得到相應的利益，為重啟談判奠定基礎。

☆在談判中給予對方足夠的面子，在無關緊要的細節上，不與對方爭奪。該讓步就讓步，該捨棄就捨棄，保住核心，抓住關鍵。

一般的談判，要慎用激怒對方這一招。這是一步險棋，運用不當就會全盤皆輸，沒有足夠的資本和架控能力，或機會不夠成熟，最好不採用這招。

一句話學談判

談判時，要確認對方有沒有足夠的權力結束這比交易。

9 傾聽是門功課——請把耳朵豎起來

傾聽是談判初期的重要手段，如何更有效地傾聽，直接影響到談判中對對方的了解與判斷。

二〇〇五年春天，房地產市場正如火如荼。黃葦德向公司董事會遞交了辭職報告，他看準投資水暖器材前景很好，所以決定自己開公司。為了拓展自己的生意，他每天的生活就是與形形色色的房地產商打交道。而要讓這些財大氣粗的房地產商，願意出錢買自己的器材，可不是一件容易的事。因此在談判時，黃葦德往往就需要集中所有的注意力，因為這樣的談判成敗，往往就在一線之間。

有一次，他得到了一個可靠的消息，一個房地產商要在鹿灣興建兩座商務酒店，他便透過朋友介紹認識了投資商。這個投資商叫馬家龍，大家背地都叫他灣仔龍。因為他在這一帶很吃得開，有一定的勢力和威望，他跟黃葦德約好，在合適的時間談合作的事情。

談判被安排在一個茶館，這裡非常幽靜，環境很優雅，沒有辦公室劍拔弩張的感覺，很適合做一些商務談判。為了這次談判，黃葦德備足了談判所需要的資料，包括所需水暖器材的型號、規格以及報價。他比約定的時間提前十分鐘來到茶館。

很快，被叫做灣仔龍的老闆也來了。黃葦德知道，這種場合上的人一般做事都很準時。幾句簡單問候之後，談話內容便直切主題。作為賣方，黃葦德首先向灣仔龍介紹了自己所經營的水暖器材質地和型號，他說：「你看，這是器材照片，這裡還有資歷證書。我做生意是講信譽的，從來不與產品品質差的商家打交道。」

「都一樣，誰也不願意砸自己的買賣。說到底我們都是為客戶負責，我這兩座酒店的水暖器材全部由你來做，你看大約需要多少錢。」

黃葦德說：「如果全部選用這種高品質器材，不能低於六十萬美元。」

「哎呦，黃先生，怪不得有人說親兄弟明算帳，看來這生意場上是沒有一點情分可講啊。」灣仔龍根本沒問黃葦德的六十萬美元怎麼算出來，他叼著菸斗，朝黃葦德扔過來這麼一句話。

「馬老闆，您的意思是價格有點貴？」黃葦德小心試探灣仔龍的口風。

「我闖蕩江湖這麼多年，你以為我是白混的？如果我對這些東西一竅不通，恐怕早就被騙得傾家蕩產了，哈哈。」

「馬老闆，您多慮了，我哪敢有騙您的意思。」
「就你這些東西不能超過五十萬美元，我是看在我朋友的份上，給你五十萬美元，你裡子、面子都有了。」
「馬老闆，你給的這個價格我有些為難，因為安裝也需要很大一筆費用。」
「這個你就不用考慮了，我們自己的員工就可以安裝。」
「那好，初次合作，交個朋友，希望我們今後再次合作。」
黃葦德拿出協議書，雙方在上面很愉快地簽了字。

談判教戰指南

要想使談判按照自己的思路進行，就要把對方看清、看透，搞清對方的談判方法、談判目的，讓對方像透明人一樣呈現在自己面前。要了解清楚對方，聽和問是重要的策略。

一般的談判都是從無關緊要、輕描淡寫的聊天開場。由普通的寒暄，逐漸引入正題。開始是互相試探、互相了解的過程，所以「傾聽」是這階段的主題。

傾聽的過程，不要輕易打斷對方的談話、不要輕易岔開話題，哪怕對方的觀點和認識錯誤不符合自己的心意，甚至令自己反感和厭惡，也要堅持讓對方說完。

不要熱中於辯論，輕易反駁對方的觀點；要允許對方陳述完整，認真分析對方觀點中透露出來的資訊和立場。了解對方的態度、立場和觀點後，不妨覆述一遍加深印象，並得到對方的確認。

聽的過程中要做好筆記，對於關鍵和重要資訊，要做到紀錄準確無誤，並對聽來的各種資訊進行分析、整理，透過現象看本質，摸清對方的思路和談判目的。

要做一個好的、合格的聽眾，也不是一件容易的事。會聽並不等於不說，只是要少說，要說到點子上，一語中的，承上啟下，引導對方打開話匣子，激發對方發表觀點的興致和靈感。

對方說得越多、提供的資訊越多，暴露的問題和漏洞也越多，越容易看清對方的短處，對談判越有利。

為了能聽到更多有用的資訊，要採取合適的方式多向對方發問，提出的問題既不能引起對方敏感和反感，又要緊緊圍繞談判主題，誘敵深入。不經意間誘導對方在解答問題時，提供更多、更有價值的資訊。

會聽還包括善辨真偽，能夠聽出對方提供的資訊：哪些是真實的？哪些是虛假的？哪些全面？哪些片面？

一句話學談判

小的讓步，是為了大的堅持。

10 分散對方注意力——你要談價格我就說運輸

當對方精力過於集中某一點，自己難於回答或者要暴露自己底牌時，就要想方設法轉移對方的注意力，把視線從自己不想回答的話題上引開，從新的角度進入新的討論思路。

馬來西亞的一家公司，想從韓國引進一套化妝品自動包裝生產線。雙方在電話中約好，由作為買方的馬來西亞方面，負責在公司總部接洽韓國來的談判代表。

一個月後，韓國代表抵達馬來西亞，談判議程正式啟動。因為韓國的這套設備目前看來，其技術含量是世界一流的，所以，他們對這款設備的重要技術性能和指標，做了詳細介紹後，便推出六十八萬美元的報價，並指出報價本身不含各種關稅和運輸費。但就是這個報價，也很令馬來西亞的首席代表吳真安咋舌，他忍不住開口說：「想不到，貴公司真是獅子大開口，同等類型的生產線，我們至少接到了三個報價，而且都比你們低很多。」

吳真安的話，讓韓國代表心裡咯噔一下。他想自己身在馬來西亞，如果雙方達不成協定，自己只能空手而歸，而對方還可以繼續聯繫下一個賣家。想到這裡，他決定避其鋒芒把話題岔開，不再談價格的問題，於是話鋒一轉說：「從韓國到馬來西亞要經過海上運輸吧？真不知道這海上運輸安全係數怎麼樣？」

「難道你們不負責運輸嗎？」吳真安很認真地問道。

「原則上我們不負責運輸，如果是歐洲一些國家來訂貨，運輸問題只能由他們自己解決，我在想怎麼做才更合適。」

「那怎麼辦？馬來西亞離韓國不遠，比起長途運輸安全得多、也省心得多。」吳真安的意思是想讓韓國方面負責運輸的問題。

「這事我不能擅自做主，要與總部那邊溝通一下，如果能通過最好，通不過，你們還得自己想辦法。」

在韓國代表出去打電話時，吳真安的心裡有點惴惴不安。在他看來，雖然是一個小小的運輸問題，但其中也有不少細節，如果處理不慎，也會曾添麻煩。

不多時，韓國人打完電話回來，說：「總部那邊沒有答應。」

「為什麼？」

「倒是沒有什麼特殊原因，只是公司有規定。這樣吧，我晚上再跟他們聯繫一下，看能不能說服他們。」

一夜的時間，吳真安想了很多問題。一天的時間，從價格到運輸，一個問題也沒解決。第二天，在談判席上，他首先問到了運輸問題，這都是對方告訴他說：「你知道我費了多少口舌才說動他們嗎？我整整打了兩個小時的電話，他們終於答應，並且他們在電話裡告訴我，早日結束談判，從這裡直接去馬德里進行下一個談判。諸位，如果對此協議沒有什麼異議，我們就簽合約吧。」

「你給的這個報價太高，總不能你說多少就是多少吧！」

「剛剛解決運輸的問題，你這又冒出來價格的問題，我沒有時間再耽擱下去。如果換做別的供應商，相信不會這麼好說話的。」

這次的爭執吳真安的確有些理虧，而且對方說的也有一定的道理，自己不好再說什麼，所以就同意簽署這份買賣協議。

分散對方注意力的方式、方法很多，要根據談判的具體情況靈活、機動運用。同時要不動聲色、不著痕跡，不知不覺間，把對方的視線引開，把注意力轉移到新的方向上。

可以對對方提出的問題避而不答，顧左右而言他，用一些無關緊要的廢話沖淡凝重的氣氛、岔開談話的思路。也可以由己方的其他人員提出新的問題，從另一角度切入討論。

當談判氣氛凝重、僵持不下時，己方的白臉人員可適時地開句玩笑，放鬆一下大家緊張的心情；既可以轉移注意力，又能打破尷尬局面，還可採用臨時休會的方式中止陷入僵局對話。當大家重新坐在談判桌上時，先入為主，提出新的議題，將對方的注意轉移到新的問題上。

其他的辦法例如插播幻燈片、介紹新資料、參觀旅遊、舉辦娛樂活動、酒宴招待會等方式，都是分散對方注意力的有效方法。

分散對方注意力要講策略和方法，把握住形散而神不散的原則。分散的目的是為了繞開己方難以回答、難以解決的難題；而不是脫離談判。是為了讓對方無法更加詳細、透徹摸清己方情況；而不是將對方領入歧途。所以，一切分散行動都要圍繞談判的主題進行，只是由一個話題引向另一個話題，或中止一個話題。

要透過這種方法把對方引到自己的思路上來，以我為主，化被動為主動，掌握談判的主動權。在這原則下，分散對方注意力要適當和適度，不能引起對方的反感，見機行事，靈活多樣，可以是一句笑話，也可以是一個小小行動，不拘一格，點到為止。

一句話學談判

恰當運用肢體語言來強調你的重要觀點。

11 贏得信任，贏得先機——「謙虛」的醫療器材

談判是雙方謀求共同利益的一次博弈，雖然免不了爭鬥，但合作才是真正的目的，爭鬥只是為了利益分配中占據更有利的位置。

某醫院要引進一台CT(電腦斷層攝影)設備，消息已經傳出，很快，院長辦公室每天來推銷設備的絡繹不絕。他們手裡都拿著充足的資料，拚命向院長介紹自己所代理的CT設備有多麼好，其技術在世界上如何領先、其效果如何突出，經多次臨床試用、誤診為零等。被這些能言善辯的推銷員一說，院長也不知道誰的設備是最好的了。這天一早，像往常一樣，院長給自己沏了一杯茶，剛坐下，就來了一位推銷員。這段時間院長被這些推銷員吵得有些焦頭爛額，他漫不經心地聽著眼前這個看上去很老實的年輕人的介紹。

這個推銷員很有禮貌，他說：「院長您好，我叫皮桑，來自紐約的艾普頓醫療器材製造公司。」

「你好，你們公司的設備是不是也是世界一流的啊？」

「這個不敢說，但是這些年來，我們一直在總結和吸取臨床使用過程中，遇到的一些不盡人意的地方，在產品品質和技術性能上，一直不斷改進。就在四個月以前，我們對這款設備的技術指標又重新做了改進，有效改善了使用過程中成像速度慢的問題。」

「哦，是嗎？給我看看你們的ＣＴ 設備到底進行過哪些改進？」

這時皮桑拿出了一張表，表上羅列了一些使用過程中經常出現的瑕疵。他說：「你看，這表上羅列的幾種產品缺陷，我們都進行了適當的改進。每一次修改，都有詳細的品質報告和技術分析。」

皮桑的一番誠懇解釋，讓院長對這個年輕人慢慢產生了好感，他跟皮桑說：「這樣吧，你把資料留下，我們商量之後，組團去你們公司總部實地考察一下。」

幾天以後，院長就帶著專業技術顧問，隨皮桑一起來到紐約總部。他們一行人對設備進行了詳細、具體的了解與指導，最後決定購買這款設備。在談到價格時，皮桑說：「這款設備原價是八百六十萬元，由於你們也參與了技術指導，給我們提供不少寶貴意見，所以董事會決定以特價賣給你們，只收八百五十萬元。」

院長聽了這話，面露遲疑之色，他說：「我這段時間一直忙於洽談ＣＴ設備的事，也接過很多報價。說實話，你們的報價可是高居榜首了。」

「院長，我們的報價是由產品的成本所決定的。你也知道，在這個市場上，ＣＴ設備由於主要參數有探測器排數、球管熱容量、空間解析度、密度解析度、成像速度、後處理功能等。而這些技術參數決定了產品價格，所以市場上ＣＴ設備的價格差異也很大。因為我們一直本著誠信合作的理念，所有的談判資料和談判過程，沒有一丁點的虛假和隱私。」

「你的話看起來無懈可擊，談判桌前，誠信固然是第一位，不過價格也是決定成敗的主要因素之一吧。這樣，我給你們七百八十萬，這個價格總說得過去吧！」

「院長真會開玩笑，我們哪有那麼大的利潤空間。這樣，我們再往下調五萬元，這已經是最後的底線了，不能再降了，否則董事會會發火的。」

「那好吧，合作愉快，在以後的時間裡，相信我們還會有更多合作的機會。」

談判教戰指南

任何談判中，雙方的互相信任，往往是決定談判成敗的關鍵。因此，要想獲得談判的成功，就要贏得對方的信任。在互相信任的基礎上，談判才有可能進行下去。

1. 為對方提供翔實、全面的資料、資訊，全面真實地展示自己的企業理念、資金規模、管理模式、經營狀況、社會信譽、產品市場等方方面面的情況。

2. 從長遠利益出發，顧全大局，認真向對方分析雙方合作的前景和可能遇到的困難，提供真實、可信的合作方案和合作細節。

3. 站在對方的角度為對方著想，以滿足對方所需為己任，為對方留出足夠的利益空間和發展前景。

4. 開誠布公，以誠相待，不留後手，不打埋伏，不用虛假資訊、資料矇騙對方，不用卑劣手段迷惑對方，不用不正當手段騙取對方資訊，不利用自己的優勢要脅對方，不採用不正當方式引入第三方打壓對方。

只有做好這些，贏得對方信任，才能使談判向著互利、雙贏的方向發展。

信任是一切合作的基石，談判達成協定或簽訂合約並不是目的，目的是協定或合約的執行。如果雙方不能互相信任，談判結果的執行必然會大打折扣，那就失去談判應有的意義。所以，相互信任的談判，才是值得追求的談判。雙方互相信任，需要一個過程，整個談判，就是雙方互相建立信任的過程。

建立信任，是通過一點一滴積累起來的。雙方要共同努力，坦誠相對，本著疑人勿用的原則，相信對方，真誠為對方著想，想辦法解除對方的各種疑惑。通過行動打動對方，讓對方消除顧慮，並從細節上一步步贏得對方信任，把合作建立在真誠互信、攜手共贏的基礎上，雙方一條心，共創豐厚的價值。

一句話學談判

當一些無法預見的狀況進入談判時，要適當地喊停，避免新的因素影響整個談判結果。

CHAPTER 7

追求談判成果

你想到一家公司擔任某一職務，期望的月薪是兩萬美元，而老闆最多只能給你一點五萬美元。老闆如果說「要不要隨便你」，就有攻擊的意味，你可能扭頭就走。若老闆不那樣說，而是這麼說：「以你的能力，要求月薪兩萬美元並不過分。但是，在你這個等級裡，我只能付給你一萬到一點五萬，你想要多少？」很明顯，你會說「一點五萬」，而老闆又好像不同意地說：「一點三萬如何？」你繼續堅持一點五萬。結果，老闆投降。實際上，老闆是運用了選擇式提問技巧，而你卻放棄了爭取兩萬美元月薪的機會。可見，追求談判的成果尤為重要。

1 打破尷尬局面，營造輕鬆氣氛——把鄉愁融進談判

談判越是進入最後階段，氣氛就會越緊張，營造輕鬆愉快、和諧融洽的談判氛圍，將有利於談判向著健康的方向發展。

酒井百合子是一位非常聰明的業務員，她經常會讓陷入僵局的談判起死回生。有一次，公司讓她負責去美國進購兩台ＭＲＬ，就是核磁共振設備。美方談判代表威爾森，用了兩個工作日準備好了談判材料。他的談判材料很特別，不僅包括本公司核磁共振設備的介紹、使用說明和報價單以外，而且還包括日方代表的一些情況，包括她們的一些文化喜好。

威爾森在日方代表到來之前，為其安排了一家很具日本特色的賓館。這裡風景秀麗，步行幾分鐘就到美麗的西雅圖海邊。在談判到來之前，威爾森很喜歡營造一些氣氛，從而使談判不顯得那麼尷尬與僵硬。

談判在一片輕鬆的氣氛中展開，酒井百合子是一個四十歲左右的女人，一身簡潔的裝扮，透出沉穩幹練。她的言談看上去非常專業，這讓威爾森不得不小心應對眼前這個談判對

手。

酒井百合子仔細閱讀威爾森給的產品說明相關文件後，對美方的這款產品性能，和其領先國際的先進技術，都十分滿意。接下來，她將目光落在價格上。一台三維核磁共振的價格是一百二十五萬美元，這時，她一直很讚賞的表情，突然猶豫了一下。談判雙方都沒有吭聲，談判的氣氛彷彿有些凝重。威爾森走到落地窗前，拉開落地窗簾，前面不遠就是美麗的亞特利亞海灣。那一片金色沙灘，伴著藍色海浪，他跟大家說：「我從小在這個海邊長大，那時候家裡很窮，我盼望著能夠有機會進出這樣的賓館，這就是我最大的理想。今天我終於站在這裡，隔著落地窗欣賞大海了。」

「是啊，這海邊就像我家鄉的海邊，感謝你們給我們安排這樣的住處。」酒井百合子微笑著跟威爾森說，「但是我現在更關心的是談判問題，關於這款核磁共振設備的價格，我想知道你們是不是可以再做出一些讓步？」

酒井百合子不愧是一個老練的談判對手，她把話鋒直接轉到價格上，「這款核磁共振設備，雖然是國際上最先進的，但它高昂的價格，讓我們無法承受，我正在考慮這場談判是不是應該提前結束？」

酒井百合子嚴肅的表情，讓威爾森感到非常緊張，他知道一百二十五萬美元對於這款設備已是天價。這種儀器的市場價格，一般在一百一十五萬美元左右。十萬美元的差價，讓他提出的時候就有點心虛，現在讓百合子的話一刺激，他的臉上都已開始流汗了。他當然也懂得漫天要價會弄巧成拙，失去客戶。面臨酒井百合子這麼一個強大對手，看來任務的確不簡單啊。

稍作沉默，威爾森緩了緩心情，裝作很無奈地說：「如果大家都想成交，我們可以把價格降到一百二十萬美元。」

聽到威爾森主動降價，現場氣氛有些緩和，百合子緊繃的臉上開始有些微笑，她跟威爾森說：「看來你們還是不忍心把價格降下來，我在考慮該怎麼樣進行下一站的談判。」

談判再次陷入僵局，為了保住這最後的機會，威爾森提出讓日方給個報價，而日方的報價是一百一十萬美元，

威爾森早已領略日方代表的水準，為了不再次讓談判無路可走，從而失去這次好機會，他答應每台核磁共振設備以一百一十萬美元成交。

談判教戰指南

營造輕鬆的談判氣氛，需要雙方共同努力，協調配合。營造輕鬆的氣氛，方法很多，可以用輕鬆的話題進入談判氛圍，例如笑話、幽默故事、名人趣事、社會傳聞等。如果雙方已非常熟悉，偶爾打趣對方一下，與對方開個親昵的小玩笑，都是活躍氣氛的好辦法。

當雙方人員都感到疲憊，談判陷入尷尬局面時，不妨建議臨時休會，讓大家到戶外放鬆一下緊張情緒，呼吸幾口新鮮空氣，調動一下積極的節奏。

當談判雙方堅持己見，局面僵持不下，氣氛劍拔弩張時，本方的白臉角色就要出面，打斷雙方爭議的話題，用風趣、幽默的語言，轉移雙方注意力，為談判留下後路、留出時間，尋找新的解決辦法。

同時，在談判中可對對方多一些情感關懷，以情動人，特別是生活禮節等細節，對對方的談判人員給予周到、體貼的關懷。讓對方感到溫暖，放鬆心裡的防範意識，更有利於營造輕鬆、愉快的談判氣氛。

氣氛輕鬆，容易培養雙方的信任，放棄敵對戒備心理，有利於交流、探討相關的議題。使本來互相對立的觀點消解，充分理解對方的理念和認識，能夠輕鬆地切入新的議題，並從積極的方面去理解、去對待對方提出的建議和意見。不會過分糾纏在談判細節上，從而能提高談判的品質和加快談判的速度。

營造輕鬆的氣氛，切忌攪局行為，無論是開玩笑還是講故事，都要本著善意和輕鬆的原則，不能帶有敵意，不能揭短和觸動對方隱私，更不能毫無顧忌，大聲說笑。

一句話學談判

你要求的愈多，一定也得到愈多。只有菜鳥談判者，才會急著一開始就提出最好的條件。

2 把對方引進自己的思路——甜蜜的麵包

把對方引進自己的思路，按照自己的思路展開談判，就是抓住了談判的主動權。

一個猶太人開了一家麵包店，由於麵包的口味和種類非常豐富，再加上他又善於經營，經常在節假日舉辦特價活動以回報新老顧客，所以他的生意也越來越好。與此相反，他隔壁的禮品店生意卻異常慘澹，禮品店老闆每天看著麵包店裡顧客進進出出，很是羨慕。時間一長，也不免心生嫉妒。來麵包坊買麵包的人經常把單車停放在自己門口，這些人從來不進店裡買東西，甚至連看一眼的興趣都沒有，這讓禮品店老闆心裡很不舒服。這天，他找到了麵包店老闆跟他說：「朋友，你生意不錯，每天都那麼多人來你這裡買麵包，好羨慕你啊。」

「哪裡，來的都是一些老顧客，他們習慣這裡的口味了。一些新顧客還是很挑剔的，來得多、買得少，說起來生意也不是那麼好做。」

「無論你生意好不好，我都得向你提個意見。你看，來買麵包的人都把單車放在我店門口，這不影響我的生意嘛？我們不能光為了自己，不照顧鄰居吧？」

「是嗎？我真是忙糊塗了，這個還真沒注意，我以後盡量提醒他們，不好意思啊。」

說完話，麵包店老闆心裡暗暗罵了一句，這個小氣鬼，自己生意不好，不從自身找原因，就知道怨這個、怨那個。就這素質，把禮品擺大馬路上也是沒人買。不過他心裡這麼想，嘴裡可不這麼說，他覺得該怎麼勸禮品店老闆與自己合作，允許那些來買麵包的人把單車放在他門口呢？他想了想說：「其實，他們把車停放在你那裡，對你是有不少好處的。」

「為什麼？」

「你想啊，外面路過的人，怎麼知道停在你門口的車子不是進店買東西的人呢？他們還以為你每天都顧客盈門呢，時間一長，他們就會記住你的禮品店。還有，每個顧客把車子放在你門口時，都會給你打個招呼吧？」

「是的，他們每次都會說一聲。」

「他們每次跟你打招呼，時間一長不就認識了嘛？認識你，自然就會關注你的禮品店。反過來，如果你不允許他們把單車放你門口，他們每次跟你商量的時候，你都拒絕。那麼時間一長，他們也都會認識你，但你拒絕的態度會給你帶來什麼呢？他們會覺得你很小氣，他們還願意光顧你的禮品店嗎？」禮品店老闆一想，他說的話很有道理，於是就打消心裡的念頭。從那以後，他熱情地將每一位來買麵包的顧客，都當成自己的顧客，還幫他們安置車子。慢慢地，他自己的生意也逐漸好了起來。

談判教戰指南

要想讓談判沿著自己設定的思路和目標進行，就要做好充分準備，目標堅定，胸有成竹，談判的一切活動，都圍繞自己設計的套路進行。所以，要對可能出現的問題提前預判，做好各種應變準備，只有如此，才能抓牢主動權。

要使談判按照自己的思路展開，自己的談判思路必須明確，有詳細、周密的談判計畫，既要全面周到，還要有前瞻性、持續性和可操作性。

1. 明確自己想要什麼，設定最優的目標，並使談判始終圍繞最優目標進行。以此目標作為前進的方向和動力迷惑對方，掩護預期目標的實現。這個目標是談判的緩衝地帶，具有很大的伸縮性和靈活性。

2. 設定預期達到的目標，這是談判最重要落實的。要提前進行詳細的量化和分解，對其進行指標化和考核化，這是己方的客觀需求。這個目標下的議題和條款，一般堅決不能做出讓步，並隨時對這目標進行綜合評估，以檢驗其效果。

3.設定最低承受底線，這個底線是固定不變的，無論情況如何變化，談判怎樣進行，都不能突破這個底線。突破了底線的談判結果，不僅毫無意義，可能會帶來不必要的損失。

一旦談判目標確立，就要在談判過程始終圍繞自己的目標下進行工作，萬變不離其宗。要圍繞目標制定嚴謹的談判日程，在對方要求修改日程時，詳細了解修改的原因。要科學預判對方的談判期限，針對談判的複雜性，謹慎設計己方的談判進程和速度。每個談判日程的議題都要明確清晰，時間安排上要緊湊和有序；在議題上，先建立雙方共識；在觀點上，達成一致，並彼此留下好感後，最後討論差異和不足，找到彌補的措施。

目標明確，程式嚴謹，這樣才能確保談判按照自己的思路進行，保證談判的合理和公平，實現雙方合作的目標。

一句話學談判

只有律師才需要面對「對峙性」談判，我們能免則免。

3 還價要兇狠——沒有這麼貴的擋風玻璃

談判的目的是為了找到雙方認可的平衡點和結合點，對於彼此的報價和還價，往往與各自心目中理想的價位都有一定的距離。要想消除距離，找到雙方認可的價格點，就要通過雙方的討價還價來完成。

傑米一直在為德國一家汽車公司的擋風玻璃做採購，由於原來的那個供應商出了點問題，傑米不得不與他解除合約。為了不因為缺貨而導致關閉生產線，傑米必須在短期內盡快尋找到另外的供應商。為此，秘書為他聯繫了幾個供應商，並預約好了談判時間。新的供應商自然迎來一輪新的談判，傑米為接下來的談判，也做好了充分準備。

這天，他剛到公司，秘書就告訴他說，今天有一個供應商來談擋風玻璃的事情，已在辦公室裡等候了。這個供應商來自芬蘭，他自我介紹說：「我們有一套世界上最先進的技術和設備，有力地保障了產品的可靠性。並且為了滿足市場不同需求，還生產防彈玻璃、建築玻璃、裝飾玻璃等一些安全玻璃。」供應商的介紹既展示實力又展示資本。

「恩，不錯，談談你們的報價吧。」

「這款A型的夾層玻璃，一平方公尺兩千八百元。」

「就是做擋風玻璃採購的，什麼樣的玻璃沒見過啊？你要價也太狠了。」

「既然你做了這麼多年的擋風玻璃採購，不會不了解擋風玻璃的市場行情吧？這個價格可不高。」

「談判桌上，產品的品質和性能是最有說服力的，是要價的根本。現在市場上最好的擋風玻璃，也不過一平方公尺一千五百元。如果你有意成就這樁生意，我就給你最高價，一千五百元。」

「先生，你不能把我們的產品與市場上一些沒有品質保障的產品相提並論，它們裡面摻假的太多了，白送也不能要。就拿這前擋風玻璃來說吧，它對隔熱膜的要求是最高的，一輛車的貼膜時間需要一個半小時至兩小時，一般的製造商都很難達到這個標準。就目前來說，世界上能達到這個標準的製造商屈指可數，如果你真有誠意，那麼最低價就是兩千六百元。」

這個供應商口齒伶俐，從理論到實際，說得頭頭是道，這時傑米說：「我並沒有說你的擋風玻璃不好，我只是與市場上其他的一些供應商的價格做了一個橫向比較。市場上大抵價格是這樣的，你就算是高一點，也不能太離譜，這不是拿我們當冤大頭嗎？」

「貴有貴的道理，賤有賤的說法，我的玻璃貴在什麼地方了？你再對比一下這款玻璃的質地，它含有奈米級微晶填充材料。現在，將最新高科技奈米技術應用於汽車擋風玻璃表面，是全世界大型汽車製造商的首選，它有效地消除了玻璃表面不平整的現象。我也不是不想做這個買賣，這樣吧，你給兩千四百元，再低我只能收拾資料走人了。」

「兩千兩百元，這樣我方漲七百元，你讓六百元，總可以吧？」

「你們真會砍價，要我早幾年的脾氣早談崩了。現在市場競爭激烈，所以我們一般都是本著薄利多銷的理念來做生意的。」

兩千兩百元這個價格，買這等高品質的擋風玻璃，傑米心裡覺得很有成就感。

談判教戰指南

談判開始，雙方的報價是一個動態過程，很少有一口價的，都要留出浮動的空間。報價要高，還價要狠，這是談判中常會出現的現象。不怕對方報價高，就怕還價沒有招。談判中的還價，還是大有學問和講究的，不能張口就胡亂還價。還價要科學嚴謹，要體現出足夠的誠意，這樣才能贏得對方信任。

要使還價科學合理，達到傳達誠意、訴求合理利益的目的，還價前要做好充分的準備工作。

1. 了解本行業基本的價位格局，摸清楚成本價和報價之間的大體差價。

2. 要詳細了解對方報價的價格構成，詳細解析構成價格的各種要素，其中成本要素要細細拆分，以便找到能夠有說服力的壓縮成本、降低價格的空間。

3. 要明確自己的理想價位、預期價位和最低可承受的底線。要有針對性地還價，每還一步，都要拿出充分合理的理由，為對方列出報價的構成因素，明確指出對方的利益空間。然後，列舉出本方的利益空間，進行比較論證。在這個基礎上，推出還價的價格，讓對方心服口服。

還價不能一步到位，要預留出一定的過渡台階，每降低或升一個台階，都要以對方的讓步程度為依據。每讓一步，都要讓對方感受到本方誠意，感受到本方為了真誠合作所做出的利益的犧牲。要先從長期合作利益分析入手，在長久的利益訴求上達成共識，用長遠的戰略意義說服對方做出讓步，最終達成雙方都能夠滿意的合理價位。

在談判還價的過程中，要把握好理性的原則，不能盲目隨意，要循序漸近，步步緊逼，理由充分，直到接近自己心目中理想的目標，促成協定完成。

一句話學談判

絕不能接受對方第一個開價或提議。

4 控制談判進程——裝飾你的大樓非我莫屬

一個完整、科學、合理的談判，包括下列四個階段：談判準備階段、談判開局階段、實質談判階段和簽訂協議達成談判結果階段。

某商務大樓要進購一批辦公用桌椅，老闆考慮到將來大樓要租給那些體面的商人，所以打算訂購一些高檔家具。經過一番考察和對比，他對A公司的產品比較滿意，便和代理商取得了聯繫，約他來自己的公司談判。

代理商威廉人到中年，微胖的身材使他看上去很和善。他禮貌地跟老闆寒暄握手，但接下來的談話並沒有直切主題，而是詢問了一些與大樓有關的情況，他說：「老闆，你這幢樓位置不錯呀，肯定能租個好價錢。」

「還行，已有幾個用戶跟我口頭約定，等我把一切都收拾好後，就可以簽合約了。」

「在這個位置租寫字樓的，大多是一些成功商人。相對來說，他們更注重讓這些外在因素體現自己的身分和實力。我這裡有一些高級辦公設備的效果圖，你看，配上這些高級家具，是不是立刻就凸顯出來了？」

「是不錯，這樣的家具是什麼價位？」

「如果定得少，就是二點五萬美元一套，超過二十套就是二點三萬美元。」

「說句實話，你的價格比我預算的高多了。如果你肯把價格降下來，我們還有談判的餘地，否則我只能聯繫其他的代理商。」

威廉的要價讓老闆產生了很深的牴觸情緒，看來自己的報價，跟他的心理價位有很大的差距。不過，威廉還是很老練的，他立刻說道：「你可以到附近每個商務大樓去轉轉，看看他們配的是什麼等級的家具。我記得有一家公司，為了省錢，買了一套品質差一點的家具。一開始用著還行；跟客戶談判，迎來送往的，還算體面，他們自己也覺得買的東西物有所值。可是有一天，公司迎接幾個新客戶，是從美國來的幾位身材高大的人，他們往沙發上一坐，竟然有一個沙發腿被坐斷。當時很尷尬。就是這個很小的插曲，讓他們和美國人談判，一下子失去了很多自信。從那以後，他們便不再為了省那一點小錢，而買一些次品了。所以，說好的家具看上去養眼、坐上去舒服，還能給人無限的自信。」

「我說的是價格可不可以打折扣？我當然知道好東西用著舒服了，可我關心的是價格的問題。」

「你大約要訂多少？」

「大約要三十套吧，因為我其他樓層有別的安排。要是一點五萬美元一套，我就全部從你那裡訂購，否則我還是得聯繫其他的公司。」

「一點五萬美元一套的我也有，你看看就知道了。差別很大，一眼就能看出來，你不希望你的客戶，因為你劣質的家具而在房租上討價還價吧？」這個叫威廉的代理商，別看模樣沒有那麼精細，但說話句句有力，說得老闆不知道該怎麼反駁。不過最後，他們在簽署協議時，威廉還是讓了五千美元，最後還贈送給老闆一套很舒服的真皮沙發。

談判教戰指南

談判準備階段，要做的工作很多，包括調查行業狀態，選擇談判對象，情報資訊蒐集整理，挑選組建談判團隊，制定談判計畫和談判方案，確定談判目標，選擇談判地點，確定談判期限，制定談判議程，模擬談判等。其中情報搜集工作既包括對方的情報，也包括本方的各種材料資訊蒐集。

方案是談判的藍本要全面細緻，可操作性強，要針對可能出現的問題，制定詳細的對策。

人員分工要明確，談判目標要明確，議程要合理緊湊，期限要根據實際情況科學準確，模擬要有實戰性。談判的開局階段，不要急於切入談判核心，要營造氣氛，互相交流資訊，互相表明原則和立場；彼此摸清底細，擬定談判議題和程式，約定規程，為整個談判確立目標，定下基調，初步建立彼此的信任。這個階段，要迴避實質性的問題。

實質談判階段，雙方要明示各自的目標、報價和還價，然後針對各種不一致的議題進行磋商，互相妥協和讓步，消除障礙和分歧，達成一致意見。這是一個詢問、發問、還價、接受等循環往復的過程，是充分展示雙方談判能力和解決問題的能力的過程。

簽訂協定過程，就是談判結果落實的過程，也就是簽約。雙方首先對合約條款進行確認，注重法律，力求平衡。接著進行相關事宜核實，解決尚存的疑慮，確認無欺詐圈套。雙方簽字，各方權益達成，互換文本，協定生效。對整個談判過程的控制，牽扯到談判的主動權，所以，也是雙方爭奪的焦點之一。如何控制談判過程，不僅體現談判者的能力和智慧，還體現了各自的實力和運用實力進行談判的經驗把握。

一句話學談判

把對方捧得高高的。通常一個自負的人會因此而誤踩地雷，驕傲地告訴你，他不需要任何人的許可。

5 多輪較量不可怕——好事多磨談收購

一般談判都要經過多輪較量才能完成，很少有一蹴而就，一拍即合，一談即成的。有些談判，甚至經過多次馬拉松式的長談，才能最終達成協議。

義大利一家航空公司，在紐澤西有過一次驚心動魄的談判。那時，紐澤西一家航空公司經營不善，瀕臨破產，而義大利航空公司有意收購。收購航空公司並不像做其他買賣那麼簡單，他們經過多方考察和驗證，分析這家航空公司的背景以及破產原因，並對收購後的諸多事宜，做了周密的安排和計畫。分析這次收購的利弊後，他們代表團一行人來到紐澤西。

談判氣氛相對來說嚴肅了些，雙方各持己見互不相讓，首先是義大利方面提出自己的收購條件，首席代表叫蒙托力，他說：「針對貴公司現有的條件，我們做了全面的市場價值分析和評估。貴公司的飛機都是三十年前購買的，主要零件出現嚴重老化現象，我們收購後要花許多錢維修。另外，你們的航線很少，都是一些冷航線，基於這些原因，我們決定出資二點五億美元收購貴公司。」

「二點五億美元？這就是你們的收購價嗎？我們雖然瀕臨破產，但那只是經營不善，不等於我們的飛機和航線不值錢，你們難道要像收購破銅爛鐵一樣收購我們公司？」

「貴方代表，請說話客觀一點，你們不是破銅爛鐵，但我們的二點五億美元也是真金白銀啊。如果真把你們公司當做破銅爛鐵來收購，我們還需花二點五億美元嗎？」義大利的一位代表即將發火。

「價格太低，我們上沒辦法向董事會交代，下沒辦法對員工交代，更何況他們面臨被解雇，如果我們把公司低價轉賣，他們會罵的。」

「這樣吧，今天我們初次談判，大家情緒都有些激動，這樣的狀態不利於解決問題。建議今天的談判先到此為止，我們都回去再考慮一下，看有沒有合適的方案。」蒙托力說。

兩天以後，雙方又坐到了談判桌前，這次提出把收購價增加到三點五億美元。而這個條件義大利方面根本不接受，不過，他們也做出了適當的讓步，答應不解聘員工，繼續留用。

就在雙方準備簽署收購協定時，紐澤西方面突然提出終止談判，原因是他們接到了另外一家公司的收購意向書，而且收購價高出很多，談判又一次陷入困境。不過，義大利人並沒有灰心喪氣，他們冷靜分析了這個消息的真實和可靠性，並對那家公司做了調查。事實證明，他們根本沒有收購的實力，很多優厚的條件都是虛構的。再次坐在談判桌前的蒙托力，對這次談判充滿了信心，他們把對那家公司的調查資料，擺在了紐澤西代表前，讓事實來說話。在簽署收購時，紐澤西談判代表稱讚了蒙托力在談判桌前的冷靜與沉著。

談判教戰指南

多輪談判並不可怕，對待這樣的談判，要目標堅定、要有大局觀，制定周密、詳細的談判計畫；要有預見性，分解目標，每次談判解決一定的問題，實現部分的目的，逐漸向最後的目標推進。應對多輪談判做好各項準備工作，每一輪談判的目標不同，準備工作也各有偏重：

1. 第一輪談判前，已進行了大量資訊蒐集、整理工作。第一輪談判後，要針對談判進展情況，重新對資訊、資料調整梳理。根據掌握的最新情況，重新制定談判目標，重新調整談判策略，選擇下一輪談判的主攻方向。要積極進行反思，找出上一輪談判的不足和漏洞，及時修正、調整和補充，使談判的計畫更明晰、方案更合理、措施更有效。

2. 針對上一輪談判提出的問題和表現出的談判風格，採取針對性的措施，改變談判策略，突出自己優勢，化解自己不足，給對方一個措手不及的打擊，爭取談判的主動。

3. 要充分利用兩輪談判間的間歇期，補充自己的實力，養精蓄銳，調整策略，補充人員。要做好間歇期的保密工作，不可輕易洩露下一論壇的主題目標、王牌和底線，以及新的談判策略。

多輪談判一般談判期限比較長，情況複雜，千變萬化，談判人員需要有足夠的耐心，不能焦躁，更不能產生輕敵意識。要根據談判實際需要，隨時調整人員參與下一輪的談判，用新鮮的血液衝擊對方的壁壘，爭取為下一輪談判打開新的缺口。

越是漫長談判，每進行新的一輪，都會增加新的難度，這就要讓談判人員用更高的標準要求自己，做好應對漫長談判的工作。要目標明確，意志堅定，不急不躁，沉著冷靜。每談一輪，都要爭取完成一個目標，並對分支目標和整體目標隨時進行評估。這樣才能一輪一輪地接近整體目標，直至實現整體的談判目的。

一句話學談判

談判時，可選擇雙方共同信任的仲裁者。

6 用拖延來化解談判僵局——澳洲菜館裡的交易

拖延戰術打破僵局的形式有很多種，目的和效果也不一而足。它具有以靜制動，少露破綻，留有餘地，便於周旋的特點。因此，拖延是談判中打破僵局常用的策略技巧之一。

日本是一個鋼鐵業發達的國家，所以對鐵礦砂的需求很大，經常從澳洲進口。日本人頭腦零活、精於算計，為了給自己多爭取一點主動權，他們經常熱情邀請澳洲的談判團來日本談判。日本的禮節非常繁瑣，從語言、穿著到室內布置，無一不表現日本人特有的小情調。而澳洲人初到一個陌生的地方，總要被一些熱情而繁瑣的禮儀，鬧得摸不著頭腦。

在談判桌前，日本人的態度又極具和善，他們謙遜的態度一邊讓澳洲人有賓至如歸的感覺，一邊出價又非常低，讓人看到他們的笑容背後深藏著一把唯利是圖的刀。澳洲人可不吃這一套，他們的首席談判代表叫威爾，他冷靜地說：「每頓一百美元，比我們的標價足足低了二十美元。一百美元這是早在兩年前的價格，你們是在開玩笑吧？」

「不是，先生，我們的鐵礦砂需求量很大。日本是一個鐵礦資源匱乏的國家，這是由先天的地理條件所決定的，我們之間建立的其實是一個長期合作關係，所以我們的出價是有根據的。」

「什麼根據，你們明明是在捉弄人，看看國際上鐵礦砂的價格漲到多少錢一噸了，你們還緊咬著兩年前的價格不放。不要以為這是在日本，一切就在你們的掌握之中。價格如果不合適，我們同樣可以結束談判，拍屁股走人。」

看到對方嚴肅的態度，日本的代表覺得氣氛有些尷尬。自己是買方，人家是賣方，協議簽不成的話，自己所有的努力都會前功盡棄。為了緩解尷尬氣氛，這時日方談判組的一個成員，趕緊出來打圓場，他微笑著說：「請大家不要誤會我們的意思，談判桌前討價還價是常有的事，如果哪裡有不當的地方，我們盡可以慢慢商量嘛。這樣吧，我有一個安排，今天中午帶大家去一家澳洲菜館，那裡的澳洲菜據說做得很道地，我們真誠邀請大家去品嘗。」

菜館裡的氣氛自然比談判桌前要融洽多了，尤其是幾道極具特色的澳洲菜上桌後，澳洲人便打開了話匣子。他們如數家珍地講述著這些菜的根源，頭頭是道地評價著這些菜的口味。哪道菜料理得很道地、哪道菜火候稍顯不足，再加上杯觥交錯，席間的氣氛暖意融融，瞬間便拉近了談判雙方的距離。

再次回到談判桌前，買賣雙方都已消除了大半敵對情緒。威爾說：「我們來了有一段時間，從陌生到熟悉，從據理力爭到以誠相待，其實為的都是一個目的，這目的大家都心照不宣。今天我們也開誠布公地談鐵礦砂的價格，國際上的是一百三十美元一噸。我今天不參考市場價，你們只要比最初的那個報價高出十美元，我們就成交。」

澳方的價格比國際價格低了二十美元，這令日本人喜出望外。他們很愉快地接受了威爾的建議，在合約書上簽署成交協定。

談判教戰指南

爭分奪秒的談判有優勢也有不足，不足是容易使談判陷入僵局，而拖延時間是化解談判僵局的一種有效方法。

當談判雙方因為觀點和意見無法達成一致而談不攏、陷入談判僵局時，談判雙方應該有意識地放慢談判節奏。例如，選擇一個輕鬆的話題，或者休會幾分鐘，尋找到談判陷入僵局的障礙所在，想辦法清除障礙。如果障礙是隱性的，不容易一下子找到，更應該拖一拖、緩一緩、澄清一下。

在這個過程中抓緊蒐集資訊，制定對策，解決問題，打開局面，不能消極等待。

如果對方堅持自己的原則，不讓步而使談判陷入僵局。這時也要用拖延戰術，突然中止談判，沒有理由不給答覆，消磨對方意志，直讓對方筋疲力竭，產生焦躁厭倦情緒，重開談判可能問題，就會迎刃而解。

如果達成談判協議的時機不成熟，而導致談判陷入僵局，不妨採用拖延戰術，終止談判，等待時機。這個過程要穩住對方，靜觀其變，時刻關注外部環境和雙方各種條件變化，及時調整戰略，促使時機成熟，重開談判。

如果是因為雙方缺乏信任而使談判陷入僵局，也要適時終止談判，採用拖延戰術。利用休會期間的有利時段，建立感情，贏得好感，培養信任，把談判桌上緊張的溝通，改為場外的感情溝通。借助不同背景、不同場合、不同心情，融洽關係，消除誤解，增進彼此的信任感。

拖延戰術做為打破談判僵局的一種有效手段，運用一定要合理、要科學、要選準時機和條件，不能隨意使用，也不能無限期拖延。要有計畫、有準備，一旦時機成熟，僵局能夠被打破，就要及時中止拖延，重啟談判，把談判納入正軌。

同時要嚴防拖延陷阱，提防對方利用拖延戰術，製造陷阱要脅己方，使談判不利於己方實現自己的談判目的。

一句話學談判

讓步三大禁忌：一、第一次就讓足所有空間；二、等額讓步；三、在最後一次退讓時，做出很大的讓步。

7 不妨來個緩兵之計——把談判變成了旅遊

當談判一方希望速戰速決，而本方無法滿足對方的需求和條件。這時不妨採用緩兵之計，尋找機會與對方周旋，想方設法破解對方提出的難題，為談判留下餘地。

勞倫斯在瑞士一直從事研究英國人心理，與他們經商之道的工作。後來，他轉行到了瑞士的一家跨國公司工作。鑒於他曾經所從事的工作與經商有關，所以很快就被派往英國去做一項商業談判。

他搭乘的航班剛落地，就受到英方談判代表熱情歡迎，並被安排在一家高級賓館入住。英方代表喬治問他此行準備在英國逗留幾天？勞倫斯說大約一個星期。喬治說：「那太好了，您可以先休息，接下來的事情我們已經為您安排好了，您只管放心。」

英國人的熱情好客是勞倫斯早有預料的，他放心地在安排好的賓館裡住了下來。

第二天，英方代表喬治來到他的住處，說：「先生，我們知道您是第一次來英國，為了盡我們的地主之誼，今天帶您去溫莎古堡看看。它在英國倫敦以西三十二英里的溫莎鎮，距今有一千多年歷史，很值得一看。」

在接下來的日子裡，勞倫斯受到英方公司一系列周到的服務。英方代表帶他去了西部城市紐基，這裡有平坦、綿延的海岸線和金色沙灘，同時，也是世界著名的衝浪之都，讓勞倫斯充分感受到最浪漫的異國風情。

從紐基回來以後，在英方公司的安排下，他們又去了倫敦最著名的旅遊景點之一的威斯敏斯特大教堂。很多有名望的人都來這裡懺悔，也有很多人都願意在這裡舉行結婚慶典。代表團一行人，陪勞倫斯做了一次很正規的懺悔祈禱與祝福。

已經是第五天了，離返航的日子很近。此時的勞倫斯心裡有一些焦急，畢竟時間已經過半，可是談判的事情還沒有一點進展。勞倫斯提出是不是該商議談判簽約的事情了？英方公司的人說，這個很好辦，花不了多少時間，並且還跟勞倫斯說，你來得太巧了，伯明罕大學正在舉辦盛大的百年校慶。伯明罕是英國極具特色的田園城市，伯明罕大學也有優美的田園風光。整整一天時間，從上午的校慶表演到下午的田園觀光，勞倫斯的心裡一直焦躁不安，沒有任何心情聽他們說話。

第六天，勞倫斯再一次向英方提出來談判。這次英方答應在當天下午正式安排雙方的談判議程。勞倫斯焦急地等到了下午，卻因為英方代表的車子在路上出了問題而耽擱了，一直等到晚上，也沒有見到人。最後公司的人說，沒有關係，不會誤事的，請勞倫斯儘管放心。

第七天上午，勞倫斯心急如焚時，英方公司的人來車把他接到了總部，告訴他，你今天該回去了，我們為你舉行了一個小小歡送會。無奈，勞倫斯只好硬著頭皮接受他們的歡送。離起飛還剩兩個小時，英方代表和勞倫斯一行人，在去機場的路上商討談判意向。此時勞倫斯的心裡亂糟糟，那邊的飛機眼看要起飛，而這邊還要聽英方代表喋喋不休地解釋。最後，他來不及仔細斟酌考慮，就在協議書上簽了字，剛合上文本資料，他們的車子就到了機場。

事後，勞倫斯回憶起這次談判過程，總覺得哪裡不對，仔細一想才恍然大悟，原來這都是英方故意設置的圈套。

談判教戰指南

採用緩兵之計的方法很多，一般情況下，會找出一個藉口：一是需要回去商量商量、研究研究；二是說自己不能做主，需要向上級主管請示彙報；三是提出新的問題，並重申需要對新的問題進行調查研究；四是委託第三方在關鍵時刻加入談判，對談判進行干擾。

找到藉口後，就可以臨時中斷談判，利用這段時間，調查對方底細，準備資料，調整戰略，尋找新的突破口。一切準備停當，有把握戰勝對方的時候，再重啟談判。這種策略，也是談判桌上司空見慣的伎倆。

緩兵之計能否使用成功，關鍵看藉口是否合理、是否名正言順有說服力。例如請示上級主管這一條，就要預先讓對方了解本方的許可權，當對方的要求和條件越過本方的許可權時，本方就可以採用請示領導的辦法，使用緩兵之計，這樣才能讓對方感到本方的真誠和認真。不能無原則地搬出上級主管做擋箭牌，失信於對方，讓對方對本方的談判誠意產生懷疑，從而不利於談判進行。

其他藉口同樣如此，必須事先籌畫周密，合情合理。例如借助第三方力量干擾談判，把握好尺度，適可而止，起緩兵之計的作用即可，不能對談判造成過大衝擊而使談判破裂。

緩兵之計是手段不是目的，對手段的使用，一定要謹慎。緩兵之計一般都是權宜之計，不可延緩的時間過長，過長就會引起對方懷疑，從而拖長談判時限，讓你無法應對出現的新情況和新局面。緩兵之計也不是沒有弊端，運用不好，可能會使對方失去耐心而放棄談判。

對於緩兵之計，必須提前做好預判和準備，快速拿出新的方案，引開對方的視線，繞過談判障礙，把談判重新拉向有利於己方的軌道。

一句話學談判

蓄意漏掉某個重要項目，或是報低價格，讓對方誤以為撿到便宜。

8 抓住核心步步近逼——會「說話」的牛肉

在實際的談判過程中，有經驗的談判者，不會一下子把所有問題全部拋出來。而是遵循一定的原則，逐一對問題進行探討，逐步深入，步步為營，直到達成談判目標。

法國一家食品公司想從英國進口牛肉，充實自己的市場。他們的談判小組剛到英國，就受到英國人特有的紳士式款待。這個肉牛養殖場位於北愛爾蘭，是一個風景秀麗的島嶼，有幾家規模很大的肉牛養殖場，法國人要簽合約的那家公司也在這裡。做為主人，英國談判代表熱情地介紹自己公司飼養的肉牛種類，以及在加工中最適宜的用途。除此之外，為了顯示自己實力，還向法國人說：「畜牧業是英國重要產業之一，特點是經營規模大，機械化水準高，專業化和社會化程度高，而最完善的肉牛養殖又集中在北愛爾蘭，所以它已成為全球最大的牛肉出口基地。」

談判的地點被英國人安排在一家很有風味的餐廳，餐廳布置得整潔、典雅，侍者乾淨俐落且彬彬有禮。法國人明白英國人的意圖——他們的一言一行，都是圍繞著一個事情打轉，那就是讓自己的牛肉賣個好價錢，所以他們一直在為高額的要價打埋伏。而對法國人來說，這所有的一切都可有可無，他們最關心的是牛肉的品質和運輸。

談到品質，法國的談判代表路易士說：「我想知道你們具體的飼養方式，包括用什麼飼料？」

「全程採用的都是無農藥飼料。」

「可是據我說知，事情並不像你們所說的那樣。去年，你們的牛肉就因品質問題在芬蘭下架。」

「那個問題曾經出現過，不過已經解決了。我們採取更嚴密的衛生監管措施，保證不會再出現類似的問題。」

「用什麼保證？談判桌上我真沒想到貴方會說出如此含混不清的話來，這如同一個人把種子種在地裡，他能保證將來會是一個好收成嗎？不能吧，他們所做的只能是祈禱風調雨順，至於收成怎麼樣，只有交給上天來回答。很多事情將來的結果都不可預料，又談何保證？」

「貴方的意思是我的牛肉沒有保證？」

「目前來說算是，至少我不會盲目地認可，這是商場上最普遍的心理，無可厚非。」

這時，英國人指著面前擺著的一份牛排說：「我們讓它自己來說話吧，它的味道怎麼樣？」

「哈哈，這種有備而來的伎倆我早見識過，所有的一切都在貴方的安排之中，其中也包括這份美味的牛排吧！」路易士的精明讓英國人瞠目結舌，他們實在沒料到，會遇上這麼一個刁鑽、圓滑的對手。至於下面的戲該怎麼演下去，他們都沒了主意。因為他們實在不知道面前這位法國人到底了解自己多少底細，甚至想：如果能夠順利簽上合約，便是最完美的結局。

結果可想而知，法國人用比較理想的價格和英國人簽了合約。

談判教戰指南

每次談判都會有多個議題，談判雙方會針對每一個議題展開全面討論，直到就每個問題達成一致的意見，談判才能宣告成功。

談判的多議題要在安排談判進程時，針對議題提出程序、科學、合理的規畫，不能一次全盤托出，這裡面有很多規律可循。

1. 一般情況下，議題討論的順序是先提出雙方共同認可的觀點，接著提出己方的優點和優勢，培養雙方的好感和信任，然後開始討論雙方有異議的問題，解決這些問題。最後開始對雙方的不足和劣勢，進行詳細磋商。由同到異，由簡到難，穩紮穩打，步步為營。在相互信任的基礎上，共同尋求解決問題的途徑，逐步解決所有問題，為談判達成協定、掃清障礙。

2. 在議題磋商的過程中，一定要抓住核心問題，圍繞核心問題，制定議題順序，並逐漸掃清障礙。議題越多，條款越多，對方的防範心也越重。

3. 在雙方尚未產生信任感之前，一是不要議題太多，二是不要提出對方比較反感的話題。如果能夠與對方在核心問題上形成共識，達成一致意見，那麼，其他附屬問題就容易解決了。這種策略被稱為抓大放小，提綱挈領，以點帶面。

4. 抓住核心並非說，談判開始就要直奔主題，而是談判所有的議題設計，都圍繞核心議題展開。不能鬍子、眉毛一把抓，而是要先在原則上與對方達成一致、得到對方認可。在此基礎上，再進入細節問題的磋商。對方認可原則問題後，對於細節上的問題，往往就不會再斤斤計較、糾纏不清。而且一旦核心問題解決，細節上的一些附加條件，完全可以作為優惠條款給予適當讓步，促使雙方愉快完成談判，達成協議。

一句話學談判

不要讓對方撰擬合約，這會讓你落入不利的地位。

9 開局不可莽撞——溫暖的羊毛衫

正式談判開始，一般稱為開局。如何開局，雙方都需要精心設計，不能莽撞隨意，草率行事。俗話說，萬事開頭難，一個好的開局就是成功的一半。

喬丹有一個小型的服裝加工廠，為了能夠在這個弱肉強食的市場上爭得一席之地，他必須小心謹慎對待每一次與經銷商的談判。剛開始時，因為勢單力薄，也沒有什麼知名度，所以他不得不每天都為自己的服裝做推銷。可是一段時間下來，收效甚微。正尋找商機的時候，機會來了。A城舉辦了一次羊毛衫展銷會，在展銷會上，他注意到一個大老闆，有幾個服裝公司的推銷員對他畢恭畢敬，彷彿他掌握著這些服裝製造商的生殺大權，能夠跟他合作簡直是一種榮幸。

喬丹精心把自己打扮一番，帶上幾件精緻的羊毛衫去見這位大老闆。在老闆辦公室時，就聽他在裡面發火，很快，一個推銷員被他罵了出來：「出去！你這個愚蠢的傢伙，私自改動樣本，還誤了交貨日期，你要承擔所有的後果！」

一個人抱著幾件羊毛衫低著頭懊喪地出來。當喬丹進屋時，大老闆的火氣還未消，他很小心地跟老闆打招呼：「安東尼先生，您好。」

「你好，小夥子。」

「您可以看看我的羊毛衫嗎？」

「好吧。」氣急敗壞的大老闆正為自己的交貨日期發愁，但喬丹款式獨特的羊毛衫，突然讓他的心情變得舒服了一些。他看過後說：「不錯，可惜我現在手裡沒有訂單，暫時還無法跟你簽合約。」

「沒關係的，安東尼先生，如果需要的話，您隨時可以打電話給我。」雖然沒有拿到訂單，但是開局還算不錯。喬丹正要告辭時，大老闆叫住了他：「你等等，我這裡有一份訂單，只是時間上有點緊張，不知道你們能不能完成？」

「請講。」

「是這樣，你剛才進門時，看見一個人剛走吧？我在一個月前，給他一份訂單，在三十天內加工三百件羊毛衫。可是他今天來交貨時，我發現只一百件可以簽收，另外的兩百件出了品質問題。我再把時間放寬十天，如果你們能夠按時完成其餘兩百件，交貨之後，我會給你一份更合適的訂單。」

聽了大老闆的話，喬丹簡直如獲至寶。他回去後，立刻多招募了幾名工人。為了獲得老闆信任，同時，也為了讓自己在激烈商業競爭中有立足之地。他放棄所有休息時間，每天跟工人一起幹活、一起吃飯。十天以後，他如期交上兩百件羊毛衫，並從老闆那換取了一份更大的訂單。

談判教戰指南

雙方做好談判準備工作，確定談判時間和地點，下一步，就是開始坐在談判桌前談判。

談判開始，雙方面對面接觸，這時候的主要任務就是導入談判。透過必要的禮儀、公關等細節，彼此開始接觸，留下第一印象。

首先，是雙方互相致禮，介紹彼此的談判人員，例如握手寒暄。雙方落座，要營造良好、輕鬆氣氛。

氣氛來自人的外在情緒和細節行為方式，為此要表情放鬆，從簡單、愉快的話題入手，活躍氣氛，拉近雙方距離。切忌在環境氣氛尚未醞釀好的情況下，提出嚴肅的實質問題，使對方形成本能的戒備心理。

形成良好的氣氛環境後，雙方談判人員要互相介紹自己在談判中的地位、擔任的角色、負責的工作和所起的作用。有了初步熟悉之後，雙方就要交換一下有關談判的意見安排，例如談判的目的、談判的議程安排、議題的確定和磋商方式，以及談判遵循的原則、規程等。

這些談判的準備工作就緒後，雙方主持談判的人員，要進行談判開場陳述，簡單扼要陳述己方的談判意願和目標、談判中的原則和立場、雙方的利益訴求、限制條款、議題的理解和看法，以及對方的意見、建議的回答原則、回答方式和相關答案。陳述的方案既可以是書面文案、也可以是口頭的，還可以是文字和口頭陳述相結合。

開局的重點在雙方的摸底階段，雙方都會將注意力集中在這個焦點，其目的是摸清對方真實想法和核心的利益訴求。透過問與答的方式，觀察、了解對方的談判期望、給予條件、合作誠意、妥協讓步的程度和意願等。觀察、了解對方談判人員的性格特點、談判風格、思考方式和談判策略等，以此對談判形成自己初步的印象，為制定詳細的談判策略奠定基礎。

談判開局，基本上就為談判定下了基調，為談判如何進行敲定基本的原則和走勢。

一句話學談判

在這個以電腦繕打合約的時代，在簽字以前，一定要從頭到尾仔細看過合約。

10 中期穩住心神——天價的水資源

談判進入中期階段，也就是進入了實質階段。在這個階段，談判人員要穩住心神，沉著冷靜，集中精力，全神貫注。不能膽怯畏縮，也不能馬虎大意，草率應付，以免造成不必要的失誤。

馬爾他是一個嚴重缺水的國家，政府常常為如何節約和充分利用水資源而傷腦筋。他們想向波蘭購買一項技術，用於工業污水的淨化。據考察，過濾後的污水可達到農田灌溉的標準。因此，馬爾他人很看重這項技術，派團到波蘭商談轉讓技術的事情。

談判像乍暖還寒的初春，看似簡單又總是不盡人意。馬爾他嫌對方要價太高，他們的首席談判官叫詹姆斯，一臉鎮定，剛一接觸，就給人一種很老練的感覺。他跟波蘭人說：「一項技術要價一億美元，真不知道貴方到底有多少誠意。」

「你想買商品，最看中的是品質，而不是銷售員的誠意吧。同樣的道理，我跟你們要價一億美元，就是沒有誠意；我跟你們要價幾千美元，就是有誠意嗎？可是我拿著誠意回去怎麼跟公司交代？」

「貴公司代表真會說話，談判是雙方兩相情願的，你有你的打算，我有我的安排，難道我不可以對你們的要價提出一點疑義嗎？」

「對於這項技術，在不久的將來你們就會看到，它的回報會遠遠高於他的投資，而且很快就會顯現出來。如果你們考慮到這一點，就不會嫌我們的要價高了。」

「無論怎麼說，我還是希望貴方能夠全面考慮一下我們的意見。如果能把價格下調百分之三十，我想我們之間還是有談判空間的，否則我們只能打道回府。」

談判舉步維艱，波蘭方面只得把價格下調了百分之十，可是馬爾他談判小組並不甘心。再次回到談判桌前，他們再也按捺不住性子。詹姆斯聽完波蘭人下調後的價格說：「我們已經定好返程機票，是明天下午。我們不想再為這無謂的談判而浪費時間。」馬爾他人這一招恰到好處，波蘭人差點亂了陣腳。不過他們還是很冷靜，悄悄派人到機場打聽，才知道對方說的是謊話，因為第二天根本就沒有飛馬爾他的航班。看來他們是有些急躁了。在最後一次談判中，波蘭人謹慎把握降價尺度，他們知道對方是捨不得放棄這項技術的。冗長的談判已讓對方有些疲憊，自己這時只要讓一小步，就會很圓滿地結束談判，最後來個大獲全勝。

談判教戰指南

談判中期階段的主要內容，包括明示雙方談判的標的，各自報價。針對明示和報價進行磋商，透過磋商達成讓步和妥協，最終形成共識，達成一致意見，形成協定內容條款。

明示和報價的內容大致包括雙方供、需的標的，商品或項目的品質、種類、數量、價格，交易地點，交易方式，履約時限，違約責任和爭議解決等問題，其中的核心問題是價格。

磋商與妥協過程是談判最艱難的過程。這一過程中，雙方會圍繞交易的條件、條款進行明裡的溝通磋商和暗地的全方位較量，特別是圍繞價格的爭奪，往往會極其激烈。誰能穩住陣腳、不動聲色、穩紮穩打，誰可能就會爭取到談判的主動，贏得討價還價過程中更大的利益空間。

這是雙方談判能力和談判水準的集中較量和表現，誰能有創意地尋找出有說服力的解決方案，誰就有可能控制住談判走向。雙方如果經過磋商和妥協達成一致，消除合作的主要障礙和分歧，就可以宣布談判基本成功，進入簽約階段。

一句話學談判

調解會產生兩個贏家，仲裁則不然，一定會有一個贏和一個輸。

11 成交要果斷——不跟你們繞彎子了

協議合約細節敲定後，雙方要對整個談判過程和談判議題內容進行全面、充分的回顧和總結。對談判雙方目標的達成程度，進行充分的評價與評估；對談判結果的執行前景進行預測，和可能產生的影響進行分析評估，堅持到最後一分鐘。

美國人在談判桌上一貫講究乾脆俐落，不喜歡繞彎子；日本人則相反，他們在談判時，最喜歡玩小伎倆。

有一次，美國欲向日本購買一項新的配置，用於組裝生產高級汽車的生產線。時值初春，正是春寒料峭、乍暖還寒的時候，日本人卻拿出了盛夏一般的熱情接待美國來的談判團。美國的首席談判代表叫羅斯福，他們的飛機剛落地，就受到了日本人周到而禮貌的接待。

第二天的談判，按照慣例，日本人對這套配置的實用性做了充分的分析和肯定。最後他們的談判代表說：「這套設備，對你們來說最合適不過了，絕對算得上是一次一勞永逸的投資。」

「一勞永逸的一次性投資是多少？再好的東西也要有個價吧？」羅斯福說話很乾脆，看完產品有關的介紹後，開口就直逼價格。

「八千萬美元。」日本人的回答充滿自信。

「對不起，你們的這套配置還是賣給其他買家吧，我看我們之間是沒有什麼可談的。」

「為什麼？哪裡不滿意？品質性能包括使用過程中的操作要點，我們都說得很清楚，如果需要的話，我方還會派人親自給你們安裝調試。當然如果有必要，還可以留在美國為你們做一段時間培訓。」日本人的話題故意繞開價格。

「很簡單，價格太高。」羅斯福很果斷地說，然後起身離開談判桌。

這一舉動讓日本人很苦惱，當晚給美國談判成員打電話，竟然全是關機。第二天，他們不得不一大早就等候在美國人的住處，想試探一下事情有沒有轉機。這時羅斯福很中肯地說：「我是一個生意人，有自己的原則，賠本買賣我堅決不做。還是那句話，價格太高。」

「你認為多少合適？」

「七千萬美元。」

「先生，我們換位思考一下，把價格拉下一千萬美元，如果換做你，你會同意嗎？我最多再降三百萬美元，這已經是最大的讓步了。就是這個價格我報給董事會，也不知道他們會不會同意，因為我從來沒有擅自做過這麼大的讓步。」

「好吧，就依你，下調三百萬美元，我們簽合約。」

羅斯福想，這套配置所有條件都比較理想，價格在一夜之間又下調三百萬美元，已達到預期效果。不如立刻簽合約打道回府，省得夜長夢多，再節外生枝。所以，他吩咐自己的助手，快刀斬亂麻跟日本人簽好了合約書。

談判教戰指南

如果中期談判順利，那麼，談判成功、達成協定就水到渠成了。

協議簽署就是人們常說的簽約。簽約是談判結果落實在合約上的具體表現，是整個談判過程的高潮和結尾，對整個談判起一錘定音的作用。

簽約過程一般要完成以下基本工作：首先，要對協議合約條款進行談判磋商。協議條款雙方共同執筆起草，也可以由一方主筆，另一方提出修改補充，最後協商完善。

協議合約條款起草堅持的原則，一般為以下幾點：

1. 明確協議合約的法律地位和法律意義。

2. 注重法律依據，不能超越法律的授權範圍。

3. 力求雙方條件的平衡、責任和義務對等。

4. 協議合約的條文要明確、嚴謹周密，不能含糊其詞，模糊不清，留下破綻和漏洞。

選擇好時機、把握好分寸，顯示出最大的誠意，敲定最後一個難題。之後雙方要對全面的交易條件做最後的確定和確認，核實各項談判紀錄和相關事宜，確認無誤，解決尚存的疑慮和疑問，排除協議合約中可能存在的欺騙和欺詐，拍板完成，進行協定合約文本的簽字。

最後落筆簽字，要堅持以下原則：謹慎小心，確認無誤；字斟句酌，嚴防歧義和漏洞；前呼後應，連貫完善；貫通全文，滴水不漏；依據法律，合理有效；公正實用，便於操作執行。落筆簽字就是雙方權益的落實，既要謹慎仔細，又要果斷堅決，確保結局完滿。

雙方互換協定合約簽字文本，一項談判就正式宣布落下帷幕。整個艱苦的談判過程，鬥智鬥勇，都是為了最後達成的這一紙協定。

雙方合作的基調和原則方針已確立，後期如何貫徹執行，協議合約並有監督作用。好的談判就是一個藍圖的繪製，將對企業的發展至關重要。

一句話學談判

除非你不在乎對方反應，否則，千萬別用「既成事實」為手段，因為他們會因此討厭你。

CHAPTER 8

評估談判價值

兩個孩子討論如何分一顆柳丁。吵來吵去後，達成了一致意見：一個負責切柳丁，另一個先選柳丁。第一個孩子把半顆柳丁拿到家，用果肉打果汁喝。另一個孩子回到家，把柳丁皮留下來磨碎，混在麵粉烤蛋糕吃，卻把果肉挖掉，扔進垃圾桶。

雖然兩個孩子各自拿到看似公平的一半，卻因雙方盲目追求形式和立場的公平，並沒有將各自的利益在談判中達到最大化。

試想，如果兩個孩子充分交流各自所需，或許會有多個方案和情況出現。可能的一種情況就是，將果皮和果肉分開，一個拿到果肉喝汁，另一個拿果皮做烤蛋糕。

7 甄別談判結果的真偽——變速的齒輪亂了陣腳

一紙協議簽訂，整個談判結束。到此，好像談判工作徹底完成，其實不然，還有一項工作要做，那就是對談判達成的協議條款真偽進行鑒別。

一個叫阿布杜拉的阿拉伯人向韓國的一家大公司推銷齒輪。長時間以來，這個阿拉伯人都想跟韓國這家公司建立一種合作關係，可是每次韓國人的態度都是模棱兩可，讓阿拉伯人無所適從。就在準備放棄時，韓國的採購員突然給阿拉伯人下了一個很大的訂單。這個消息讓阿布杜拉興奮異常，他逐一查看訂單上的條款，包括齒輪型號、數量、價錢、交貨日期以及付款方式等，看上去條款很詳細也很完善，對方態度也很認真。阿布杜拉說：「這批齒輪的總價是二十五萬美元，加上我們初次的固定投資一點五萬美元，一共是二十六點五萬美元，你們需要先支付一點五萬美元的固定成本。」

可是當阿布杜拉把這份訂單交到生產部門後，卻得到了一個令人沮喪的答覆，生產部門的主管說：「這訂單上要求的交貨日期太短了，我們要安裝、要調試，這都需要時間，沒有辦法按期完成。」

阿布杜拉立刻跟韓國人溝通，希望在時間上能夠放寬一些，可是這次韓國人卻不那麼配合了：「時間上真不能延緩，因為我們公司要完成一個重要的專案。如果你們不能按時交貨，我們的計畫就全被打亂。」

「可是，我們實在沒有能力在規定時間內完成這些任務。」阿布杜拉的言語裡充滿惋惜。

「我是真心誠意地想把這份訂單交給你們來做。這樣吧，我跟公司的人商量一下，看看有沒有合適的解決問題方案，你稍等。」

半個小時以後，如坐針氈的阿布杜拉等來了採購員，他告訴阿布杜拉說：「我剛把事情告訴他們時，他們很生氣，埋怨我不該把訂單交給你們。現在要想放寬時間，必須向另外的那家合作商繳納一些違約金，這是他們無論如何也不會同意的。」

「就沒有別的辦法了嗎？」

「你把價格稍微下調一些，把損失在違約金上的部分讓出來，事情或許會有轉機。當然我也不敢保證，我還得繼續跟他們溝通。」

事情總算有了進展，這讓阿布杜拉鬆了一口氣。為了盡快達成協定，他雖然沒把價格往下調，但是他說：「把投資的一點五萬美元固定成本算我們的。」

「如果你再負責運輸，我想事情大概就沒有什麼問題了。」

所有的問題基本解決，就差這一點運費，阿布杜拉想，不如答應算了，就說：「好吧，很希望你們下次再把訂單給我們。」

幾個月後，在一次閒聊中，阿布杜拉向朋友談起這樁生意，朋友告訴他說：「這裡面一定有漏洞，只是當時你專注在簽合約，反而失去了很多利益。你想，哪個大公司會將時間安排得這麼緊？按照慣例，都會有六個月的緩衝時間，因為萬一生產過程中出現什麼問題，還有時間修補。」

阿布杜拉恍然大悟，想想談判過程，原來都是對方編造的。

談判教戰指南

簽字落實執行前，一定要甄別談判結果的真偽，這一工作必不可少。鑒別談判結果真偽，從幾個方面入手：

1. 進行法律諮詢。協議合約一般雖然都經過法律公證，但一般的法律公證只是確立訂定合約條款和條款內容合乎法律，確定協議合約的法律地位，並不能保證對方贏得這些合法條款的方式合法和真實性。後期的法律諮詢，應集中在對協議合約的落實執行上，可能存在的法律漏洞進行分析和預判。

2. 把協議合約條款，放在對方整體經濟環境和市場營運環境中比對鑒別，看其是否與當地經濟環境以及其市場運作情況相符合、相適應，以此鑒別對方對合作的真誠度。

3. 繼續深入調查對方對談判結果的態度，了解對方的相關資訊，時刻把握對方的動態，以此確認談判成果，是否出於對方真誠的合作態度和合作意願。

4. 要深入調查對方執行合約的信譽度，以及獲取合約的手段是否合法，有沒有騙取己方信任的行為，以此評估協議合約的真實性。

5. 類比執行協議合約條款，檢驗其合理性和可操作性，以及是否存有缺陷和漏洞。確認無誤，再落實執行不遲。

甄別談判結果的真偽，是一項嚴肅、認真的工作。要本著謹慎的原則，以事實為依據，採取有效、合法的程序，不可妄下結論、不可輕易懷疑。要重證據，而不是推理和想像；不能人云亦云，輕信傳言。要深入調查研究，不能杯弓蛇影，疑心太重，因此失去判斷的客觀性、準確性和真實性，影響雙方得來不易的合作機會。要顧全大局，從實際出發，坦誠以待，把辨別後期成果，當成一次保險看待，增加對對方的信任。

一句話學談判

這個人花大約二十分鐘和在場所有的人握手，當他離開後，每個人都認為他是專程為了見自己而來，這就是領袖魅力！

2 預防談判陷阱——這裡有隻狡猾的狐狸

並非每次談判雙方態度都是真誠的、善意的。多數是為了真止合作，而少數談判可能是為了騙取對方信任，通過談判騙取自身利益。這樣的談判被稱為談判陷阱。

很多談判往往前期工作都準備得很到位、安排得很周密，只在最後一念之差，便損失了很多眼看就要到手的利益。A公司準備向G公司出售一批狐狸皮，事前A公司的談判代表準備好了充足材料，因為他們打算跟G公司建立長期供貨關係，所以把問題考慮得很周全。當然G公司也有意選購A公司的產品，讓G公司的人對這次談判充滿了自信。

在談判的時候，A公司的工作人員在會議室裡放映了狐狸的品種、餵養、休息和活動的全部過程，並介紹說：「因為將來關係到成品狐狸皮的品質，所以對狐狸的飼養環境要求非常嚴格，比如溫度、緯度，以及生長發育各個階段所需要的營養配置，都有很明確的規定。只有遵循這些條件，產出的狐狸皮才會堅韌耐磨、柔軟輕便。現在我給大家看一下我們公司的產品圖片，你們從色澤上就感覺到它的柔軟舒適。」

「每一張多少錢？」

「一百美元一張，當然還有便宜的，二等品只要八十美元。」

「價格不菲嘛，我們打算訂一萬兩千張，我們不繞彎子，長話短說，你說個最低價吧。」

「各位，你們也看了我們公司飼養狐狸的全部過程，能夠產出高品質的狐狸皮。狐狸生長的每個環節都不能出差錯，否則就前功盡棄。所以說一分錢一分貨，我也沒有多要錢。」

這時G公司的談判代表接了個電話：「喂，你那邊怎麼樣？一切都還合適嗎？我這邊不太好，價格高很多，要不我過去一下，看看從哪邊訂貨。」

放下電話，G公司的談判代表跟大家交代了幾句就出去了。二十分鐘後，他重新回到談判桌前，手裡拿著一張狐狸皮跟A公司的人說：「這是另外一家公司的產品，我剛與他們的老闆見過面。你們看這張狐狸皮，跟你們的不相上下，可是他的要價是七十美元。如果你們的價格是七十美元，當然我還是首選你們的，否則真不好意思，我只能選另一家的。」

「七十五美元，先生，這是最低底線了，我們除去本錢之外，就剩下一點辛苦錢了。」

他嘴裡說著，心裡卻暗自罵道，把價格壓這麼低，怪不得說同行是冤家，冤到自相殘殺的地步了，這以後還怎麼做呀！

其實他沒想到，所謂的七十美元一張狐狸皮，不過是G公司談判官有意鋪設的陷阱。

談判教戰指南

如何預防談判陷阱，也是談判結束後，落實執行過程中的一項重要任務。

談判陷阱種類很多，一般都帶有很大的隱蔽性，在落實執行前，很難辨別。

有的談判方利用虛假的材料，騙取己方的信任因此達成協議，實際上並無執行協議合約的能力。

有的利用人們愛貪便宜的心理，以高額的利益回報為誘餌，在合約條款中設下圈套。在合約落實、執行過程中，誘使其上鉤。

有的利用技術上的壟斷，設下技術陷阱，騙取對方利益。

有的在合約附加條款裡設下埋伏，把看似簡單的問題，隱藏下自己巨大的利益空間。

有的故意在合約文字上含糊其辭，模棱兩可，埋下伏筆，在合約的落實過程進行多義解釋，藉以敲詐勒索。

談判陷阱不一而足、花樣百出，是每個談判方不得不防的事。

談判結果達成後，在落實、執行談判協定合約過程中，如何發現並預防談判陷阱，是非常重要的工作。發現得越早，越容易採取有效的措施和手段，填補談判陷阱造成的被動和損失。

為了全面預防談判陷阱，可以採取以下措施：

1. 多管道、多角度、全方位採取有效措施，驗證協議合約的真偽。
2. 一旦發現談判陷阱，立即終止合約執行，並找到對方進行協商，取消談判結果的落實執行。
3. 如果對方存在談判欺詐，應立即訴諸法律手段加以解決，解除合約。
4. 蒐集證據，透過法律程序挽回自己的損失，維護自己的利益。

一句話學談判

談判時，不要告訴對方上司交代你做什麼，應該要讓這件事看起來好像是你的提議，讓他們去猜你要如何決定。

3 及時填補談判漏洞——別把協議弄得模稜兩可

有些談判會留下一些漏洞，但並非出於雙方的故意，而是由於資訊搜集不全面。另外，對政策法規掌握有偏差，對技術不熟悉，對市場了解不充分，對合約條款理解發生歧義，或由於疏忽大意而忽略重要事項和條款等，都可能形成談判漏洞。

談判往往因為一些不經意的疏忽和大意，結果便差之千里。詹姆斯曾經手一樁商業談判，在談判過程中，條款上出現了一些漏洞，幸虧他細心、發現得早，及時挽回一些不必要的損失，否則真沒法跟公司交代。

那時，他在一家電器公司做業務主管，經常帶領自己的下屬與形形色色的供應商談判。因為有較強的責任心、再加上能夠謹慎處理問題，時間一長，便在爾虞我詐的商戰中，總結了許多寶貴經驗。一次，他組團去阿拉伯購買幾個小型的生產線。跟商人打交道，詹姆斯一直提防自己落入別人的圈套，可是阿拉伯人言談舉止中看上去很自然，沒有刻意安排的痕跡。尤其是他們那極具特色的民族服飾，讓詹姆斯感覺這不是在談判，而更像是一次自助旅遊。

在談判桌上，阿拉伯人代表說：「一切都好商量，只要你們看中這條生產線，真想買的話，我們就本著互惠互利的原則。」

先是口頭約定，事情清晰明朗後，他們便開始制定書面協議。關於購買生產線的一些條款，他們做了一些詳細說明。由買方先匯入賣方帳戶一部分貨款，然後阿拉伯人把貨運輸到位以後，負責安裝調試，機器成功運轉以後，再補齊剩餘的貨款。協議簽得很順利，可是太順利了又讓詹姆斯覺得哪裡不對。回到住處，他又仔細審視條款，好像運輸這一條沒有標清楚、沒寫明運費由誰來付。如果不寫清楚的話，阿拉伯人很可能從預先支付的貨款裡扣除。為預防節外生枝，詹姆斯越想越覺得有必要補充一下條款。第二天，他並沒有提運費的事，只是在貨款後面加注：僅為貨款，不含其他費用。

其實這句話看上去也沒有什麼特別之處，這只是防患於未然的一種做法，但是補充還是很有必要。

談判教戰指南

發現協議合約存在漏洞後，要及時與對方聯繫，重啟補充談判進行交流溝通。透過簽訂補充協定，填補消除談判漏洞，以免雙方對合約的執行發生歧義和爭端，確保雙方合作順利進行。

重啟補充談判之前，須吸取上次談判的經驗教訓，要做好各項準備工作：

1. 蒐集相關資訊，摸清對方對待漏洞的原則和態度，詳細分析造成談判漏洞的原因，列出漏洞條款和議題，草擬出填補漏洞的方案和措施，制定出重啟補充談判的詳細計畫和方案，安排好談判期限。選出合適人員組成談判團隊，人員不僅包括主談判人員，還包括對談判漏洞熟悉的人員。

2. 在談判過程中要以誠相待，向對方詳細說明合約漏洞的危害和影響，曉之以理、動之以情，爭取對方充分的信任和理解。如不能對填補漏洞達成一致意見，發生分歧和矛盾，雙方應暫時中止落實、執行合約，加緊進行磋商。或透過第三方調節，或透過法律裁決，但一定要等待漏洞填補後再執行合約。

3. 如果雙方實在僵持不下，不妨互相做出一些讓步，犧牲各自一些利益，重新找到合作的平衡點，以確保合作順利進行。

談判漏洞對於合作雙方來說，並不是一件小事，不能坐視不管，要引起雙方足夠的重視。一經發現，立即採取措施，本著立足長遠利益，互相做出妥協讓步。不能以此作為要脅對方的條件，要把漏洞可能造成的分歧和影響降到最低。並且將雙方的合作，看成是共同創造價值的雙贏、互利過程，以此才能把合作推向更高的境界。

一句話學談判

如果你不能確定買家想不想做這筆買賣，即便你給了他一個最低價，也不會產生任何意義。所以，你不妨開個高價給他。

4 巧借談判推動企業發展——談判互助得利，企業滾雪球

談判可以為企業發展提供新的契機，是企業發展的助燃劑和催化劑。抓住談判成功機會，借勢而上，把企業發展躍升到一個新的台階，是每個企業對談判寄予的希望和企盼。

酒香不怕巷子深的時代已過去了，現在市場競爭如此激烈，幾乎所有的經營者都在絞盡腦汁、想盡辦法提高知名度。君豪最近參加了幾次業務洽談會，又總結出一些新經驗。他發現利用業務洽談的形式，同樣能夠展現公司的亮點，因此推動公司的發展。在洽談會上，他盡量吸取那些採購商的注意力，讓他們對自己以及自己身後的公司感興趣。

皇天不負有心人，在一次業務洽談會上，他結識了一個很有名氣的採購商，他希望這個採購商從他的公司訂購一批床飾用品。可是在談判時，這個採購商卻對他的產品有些不太滿意：「你們的產品價格不高，可供選擇的品種也很少。就拿我曾接觸過的一些公司來說吧，

他們的產品都是種類豐富，在市場上很有競爭力。」

這次的談判不太理想，不過，君豪卻在談判中懂得許多做生意的硬道理，知道接下來該怎麼辦了。他安排設計部的幾個人專門出去學習設計，兩個月以後，他們的產品一反原來的那幾個單一色調，而是有力地推出幾大系列，包括田園風光、溫馨絮語、浪漫情懷等。不僅如此，他們還設計了四件套、六件套、八件套等。針對老年人的失眠和年輕人的需求，做了一些保健型的床飾用品。

半年後，君豪的公司慢慢有些名氣，訂單也像春天的小草悄悄多了起來。在談判桌上，君豪經常很自信地說：「我們的產品款式新穎、花色獨特，而且面料和染色都是有關部門透過嚴格品質檢驗的，在市面上很受歡迎。特別是近期，銷售量逐月遞增。就在上個月，某商務酒店還從這裡定了一些貨，相信住進酒店的每位客人，最先感受到的是來自我們公司的溫馨與舒適。」

談判有了這樣的底氣，能輸給對方嗎？有了知名度，企業也就走上良性循環，利潤也就跟著來了。有了雄厚的資金做底注，君豪的公司也就逐漸強大起來，在激烈的商戰中，漸漸站穩腳跟，因此更增強了競爭優勢。

談判教戰指南

一個良好的談判結果，注定會為企業帶來效益和發展的空間。

1. 會直接帶來產品的銷售和利潤的增長。
2. 會帶來企業技術的成熟和提昇。
3. 會給人才的發展提供機遇。
4. 會對企業管理提出新的要求，促使企業經營管理躍升新的台階。
5. 生產規模的擴大，有利推動企業制度的完善。
6. 透過交易的完成，有利於企業產品品牌的塑造，加快企業核心競爭力的形成。
7. 透過產品的交易和傳播，提高企業的信譽度和知名度，推動企業文化的發展。

所以，一次成功的談判，就為企業開啟一扇通往新的成功的大門。如何把握機會乘勢而起，是企業家面臨的一次抉擇。

如何才能借助談判的成功，把企業發展推到一個新的境界？

☆要認真對待協議條款，嚴格履行合約，以嚴謹的態度對待協議合約落實執行。從企業發展的戰略高度，認識談判成果的意義。

☆借助談判的成果引進人才，加強技術改造和技術升級，擴大經營規模，集中力量發展自己的核心競爭力。

☆抓住履行合約的契機，引進先進的管理辦法和經驗，完善企業管理制度，促使企業經營管理達到先進水準。

☆加快品牌建設，借機大力加強企業文化的培育和推廣，打造企業知名度、信譽度和美譽度。使企業脫胎換骨，形成自己的規模和競爭力，為長久發展打牢基礎。

☆誠信為先，嚴格履約，與對方攜手並肩，共謀發展，共贏共進，形成良好的發展機制，贏得各方支持和鞏固市場。

總之，一次談判的成功，就是企業發展的一次良機。如何立足長遠，精誠合作，使自己的企業經營管理水準躍升到一個新的層級，是企業家必須認真對待的事。

一句話學談判

「時刻準備離開」，就是讓對方知道，如果你得不到自己想得到的結果，就會終止談判。

5 法律解決爭端——別跟我玩貓膩

如果雙方在落實執行合約過程發生的分歧爭端，通過協商和調解無法解決，就應該訴諸法律。通過法律途徑，及時做出裁決，以求達到雙方都滿意的效果。

在談判中，劉冉遇到過很多傲慢的代表。她在大學進修過心理學，再加上她有女人特有的細膩與縝密思維，所以能夠察言觀色、冷靜面對和處理談判中遇到的問題。

一九九八年，她跳槽到一個專業生產衛浴產品的公司做業務主管。由於本公司的衛浴產品在國際市場缺乏競爭力，不僅簽單有難度，而且價格也一直不理想。

這天，一個來自義大利的採購商喬瓦尼找到了劉冉，說自己準備訂購價值一百五十萬美元的衛浴產品，這其中包括很多公司新近上市的從品質到外觀都與國際接軌的產品。並且他告訴劉冉：「我有一家規模很大的建築公司，多年來，一直從事衛浴採購業務，很多國家客戶都與我有過業務往來，我這次給你的這份訂單不算小，你應該感到滿意。」

劉冉感覺到這個義大利人有些傲慢，但她依然熱情接待了喬瓦尼。在接下來的價格談判中，喬瓦尼的態度更加證實了他的傲慢，在提出的價目表中，所有產品的價格都是劉冉所不能接受的。但她並沒有表現出反感，而是很平靜地和眼前這個義大利人說：「先生，感謝你願意購買我們的產品，但我們不能接受你所提出的價格，請你另選別的廠家的產品。」

劉冉毅然決然的態度大大出乎喬瓦尼所料，他很氣憤地收拾起自己的資料，頭也不回地走了。

過了幾天，劉冉去外地出差，突然接到喬瓦尼的電話，他在電話裡說，想立刻見到劉冉。考慮片刻，劉冉告訴他：「我在外地出差，最起碼也要三天後才可以回去，因為我要處理完手頭的事。」

三天後，劉冉如約跟喬瓦尼見面。這次喬瓦尼的態度明顯緩和許多，不但提高產品的採購價，還表示將繼續跟劉冉合作。不過，喬瓦尼並沒有讓劉冉感到欣然。劉冉知道喬瓦尼詭計多端，所以在協議書上，很冷靜地補充了一條：關於以上各個條款，請雙方律師審核，簽約雙方各自遵守，如有違約，將訴諸法律。

談判教戰指南

有些談判的協議合約落實過程中，由於對合約條款理解不同，或協議合約不夠完善，可能會發生分歧和爭議，因此導致產生爭端。如何解決這些爭端，往往會關係到雙方合作的結果，影響到各自利益。所以雙方都要認真對待，及時合理解決，以免影響協議合約的執行。

爭端出現，在走法律途徑前，要充分蒐集證據，本著實事求是的態度，照顧雙方的利益，力求證據確鑿充分，不能偽造證據、篡改證據。雙方要充分協商後，和氣地走上法庭，由法律來裁決。同時，要服從法律裁決結果，不能為解決爭端而反目成仇，傷了和氣。即便是透過法律裁決，也要做出適當讓步，不能得理不讓人，不能因為一次爭端而失去雙方信任，中斷合作，貽誤雙方共同發展的大好機會。

法律解決談判合約引起的爭端，是企業維護自身合法利益的最後一道保險，要審慎對待。如果使用不當，同樣會帶來不必要的損失，得不償失。對待法律裁決的結果要嚴格履行兌現，無論是蒙受損失還是獲得利益，都要維持法律的嚴肅性。只有如此才能贏得對方信任，繼續合作，謀求雙方更長遠的利益。

妥善運用法律，不僅對企業的發展有利，還有助於增強雙方的法律意識，杜絕在未來發生類似的糾紛和爭端。

一句話學談判

如果你碰到一個出價兇狠的談判對手，你可以立刻說：「我得回去找主管商量，才能給你答覆。」

6 合約履行要嚴格——白紙黑字別反悔

談判成功，協定合約簽訂，下一步就是落實執行的問題，這也是談判的最重要目的、最關鍵的一步。

胡岩是某家公司的生產部主管。

一次，張燁來公司找他加工一個很特殊的齒輪，因為事前張燁已問過好幾家公司，答覆都是加不了工，當張燁問他：「這樣的齒輪，你們這裡能不能加工？」

胡岩的回答是，「可以，我們有這樣的設備。」

「那太好了，這幾天為了這個齒輪，我都跑斷腿了。這是我們設備上的一個零件，因為出了毛病，設備已停止運轉好幾天。」

張燁找到可以加工齒輪的公司，一時高興把該說的、不該說的全說了出來。最後談到加工費的問題，胡岩張口要三千元，這個價錢讓張燁大吃一驚，他說：「不會吧，這太貴了，我是帶著原材料來的，在你們這裡只是加工。」

「不好意思，對於外來的零活，公司有嚴格規定，我也是照章辦事。」胡岩的語氣很生硬，不容討價還價。

張烽立刻意識到自己的唐突，是自己剛才的話洩露了機密，現在對方已經知道，無論貴賤，自己都別無選擇，所以才有恃無恐地抬高加工費。

談判教戰指南

對雙方簽署的協議合約落實，一定要本著嚴格、認真的態度，一絲不苟，科學、合理地執行。力求使雙方的利益最大化，發揮出合作應有的威力。

履行合約要做到以下幾點：

1. 誠實守信，講求信譽。
2. 履行合約會牽扯到整個企業的各個部門，牽一髮而動全身，所以企業要緊緊圍繞合約要求，制定出詳細的計畫方案，帶動各方面的積極性，整合各種資源，使合約的履行合理。並且要高標準、保質、保量、守時，達到合約履行的要求。
3. 對合約履行進程要嚴格監督，制定一套完整有效的監督檢測措施和程序，發現問題要及時解決，對可能存在的漏洞及時補救，不留隱患，不留遺憾。

4. 要把合約落實、執行過程中發現的問題，以及好的建議及時回饋給對方。認真溝通協調，改進完善，本著為對方負責、為對方著想、最大程度滿足對方需求的態度。對待問題，解決得好，對雙方發展有百利而無一害。所以，用真誠的態度履行合約，是起碼的要求。

在履行合約過程中，千萬不要心存僥倖，不能抱著糊弄對方、欺騙對方的態度，以次充好，以假冒真，敷衍拖延，提出各種各樣的理由刁難對方，或者大打折扣，不能認真、全面地履行合約，利用合約敲詐對方等。這些做法只圖眼前利益，就會失去長遠利益，因小失大，得不償失。

對合約的履行也不能死板僵化，要靈活機動。本著對雙方都有利的原則，及時調整合約執行過程中出現的缺陷與不足，促使合約履行更加科學、合理，發揮最大效益，為雙方謀求更多利益。

履行合約是非常嚴肅的事，不僅態度要認真，還要遵守法律，否則後果不堪設想。

一句話學談判

談判要盡量讓對方到自己的地盤來，這樣會增強你的掌控力。

7 共贏是談判永恆的追求——一個好漢三個幫，聯手就是強中強

所謂共贏，就是你賺了對方的錢，還要讓對方有贏的感覺。這往往表現在談判的最後，有一些人性化的讓步，不要榨乾談判桌上的最後一分錢。

加州的一個公司要收購一家製衣廠，雙方已交涉了很多次，最後問題停滯在高昂的收購價上，雙方各執一詞，每次談判都毫無進展。

公司老闆看中的是製衣廠那幾條自動化的生產線，認為可以趁火打劫、低價買過來；而製衣公司的人卻不這麼想，他們說：「公司現在雖然處於低谷，那只是因為經營管理方面有些漏洞。這些問題都是可以解決的，如果因為這個原因，將整個公司低價賣掉，不僅董事會不同意，員工也不會答應。」

這種談判再繼續下去也是毫無意義，收購方老闆仔細分析其中原因後，便打算結束這種

談判方式，以免再次發生正面衝突。他知道公司的人無論老闆還是員工，要的只是兩個字：利潤。他想到製衣廠倉儲間積壓的那幾千件衣服，突然有了主意。

第二天，在談判桌上，他說：「你們的倉儲間不是有很多過季的衣服嗎？」

「是的，很多都是品質很好的，只是沒有銷路。」這些衣服簡直是製衣廠全體人員的心病，提起來就發愁。

「這樣吧，我用自己長期以來在商場建立的良好關係，將這些衣服賣出去。」

收購方開出的這個條件太有誘惑力了，談判桌上的緊張氣氛立刻緩和下來。

「不過，我有一個要求，就是把收購價降低百分之三十，因為實在拿不出那麼多資金。」

「這個問題，我跟董事會商量後再答覆你吧。」

製衣廠有了進帳，像乾涸的魚塘有了活水，老闆與員工的心情都突然雀躍起來。大家都認為自己的製衣廠有了希望，並且他們知道這希望是收購方帶來的，所以在最後談判的時候，製衣廠方面也做了很大的讓步。他們雖然沒有同意收購方的要求，但同意他們把收購款分三次結算，這在很大程度上緩解了收購方的資金壓力。

雙方的談判最後皆大歡喜。

談判教戰指南

雙贏是現代談判追求的最理想結果。談判中，雙方力求使自己的利益最大化，這種利益最大化又有兩種含意，眼前利益最大化和長久利益最大化。

雙贏的談判，立足於長久利益最大化的基礎上。要達成雙贏談判，雙方要開誠布公，本著最大化滿足對方需求的原則，公平協商解決雙方目前存在的利益衝突，找到雙方長期合作的支點，不圖眼前利益，共求發展前景。

要達成雙贏的談判，需要做到以下幾點：

1. 雙方要經過認真溝通，對行業未來、企業發展方向和市場達成共識，在認識觀念上形成一致。

2. 坦誠相待，各自展示自己的實力和優勢，找到雙方合作的結合點，形成優勢互補的基礎。

3. 要依據雙方的共同需求找到利益的平衡點，各自做出讓步和犧牲，達成一個雙贏的協定。

4. 在協議執行過程中，雙方要本著合作的思路，為雙方事業的共同發展需求及時調整協定內容，對不合適、有局限的條款及時進行更正和補充。雙方共同監督協定實施的情況，聯手解決出現的問題和漏洞。因此，使協定的合約，更有利於推動雙方共同創造更大的價值。

5. 即便雙方合約履行完畢，也要保持戰略夥伴關係，加強溝通，不損害對方的利益。一旦有下次合作的機會，要將對方列為合作首選目標。

雙贏談判是整個經濟形勢發展的大勢所趨，優勢互補是未來企業生存之道。單打獨鬥的時代已結束，圖眼前利益而不顧長遠，靠計謀贏得一時小利，可能失去市場的信任、顧客的忠誠，也可能遭到同業的圍剿，再也找不到發展的機會。

立足雙方潛在的共同利益訴求，攜手尋找共同的商機，強調優勢互補，發揮一加一大於二的作用，雙贏互利，這樣才是談判的最高境界。

一句話學談判

解決衝突的藝術，就是讓人們放下原本的立場，將焦點轉回共同的利益上。

國家圖書館出版品預行編目(CIP)資料

讀故事,學談判 /鍾宏義作. -- 第一版. -- 臺北市 :
樂果文化, 2014.05
336 面； 17×23 公分. --（樂經營；9）
ISBN 978-986-5983-69-7（平裝）

1.談判 2.談判策略 3.通俗作品

177.4 103006992

樂經營 009

讀故事，學談判

作　　　者／鍾宏義
採 訪 整 理／周文玲
主　　　編／周文玲
封 面 設 計／鄭年亨
內 頁 設 計／李梓聰

出　　　版／樂果文化事業有限公司
讀者服務專線／(02)2795-3656
劃 撥 帳 號／50118837 樂果文化事業有限公司
印　　　刷／卡樂彩色製版印刷有限公司
總　經　銷／紅螞蟻圖書有限公司
地　　　址／台北市內湖區舊宗路二段121巷19號(紅螞蟻資訊大樓)
電　　　話／(02)2795-3656
傳　　　真／(02)2795 4100

2014年6月第一版 定價／280元 ISBN 978-986-5983-69-7
本書如有缺頁、破損、裝訂錯誤，請寄回本公司調換